물 밑에서 숨 쉬기
BREATHING UNDER WATER

물 밑에서 숨 쉬기

지은이/ 리처드 로어
옮긴이/ 이현주
펴낸이/ 김준우
초판 1쇄 펴낸날/ 2015년 8월 3일
초판 2쇄 펴낸날/ 2019년 3월 1일
펴낸곳/ 한국기독교연구소
등록번호/ 제8-195호(1996년 9월 3일)
경기도 고양시 일산동구 고봉로 32-9, 양우 331호 (우 410-837)
전화 031-929-5731, 5732(Fax)
E-mail: honestjesus@hanmail.net
Homepage: http://www.historicaljesus.co.kr.
표지 디자인/ 디자인명작 (02-774-7538)
인쇄처/ 조명문화사 (전화 02-498-3017)
보급처/ 하늘유통 (전화 031-947-7777, Fax 031-947-9753)

BREATHING UNDERWATER: Spirituality and the Twelve Steps
ⓒ 2011 by Richard Rohr
All rights reserved. Korean Translation copyright ⓒ 2015 by Korean Institute of the Christian Studies. The Korean translation right arranged with the author by Franciscan Media. Printed in Seoul, Korea.

이 책의 한국어판 저작권은 Franciscan Media를 통한 저자와의 독점계약으로 한국어 판권을 한국기독교연구소가 소유합니다. 저작권법에 따라 국내에서 보호받는 저작물이므로 무단전재와 무단복제를 금합니다.

ISBN 978-89-97339-24-2 03230
값 12,000원

물 밑에서 숨 쉬기
BREATHING UNDER WATER

예수의 영성과 열두 단계

리처드 로어 지음
이현주 옮김

한국기독교연구소

BREATHING UNDER WATER

Spirituality and the Twelve Steps

by

Richard Rohr

Cincinnati, OH: Franciscan Media, 2011.

Korean Translation by Hyun Joo Lee

이 책은 우동혁 목사(만남교회 담임)의
출판비 후원으로 간행되었습니다.

Korean Institute of the Christian Studies

목차

머리말 __ 7

1장   힘없음 __ 25

2장   간절한 바람 __ 33

3장   달콤한 굴복 __ 45

4장   좋은 등불 __ 59

5장   자백하기와 용서받기 __ 67

6장   닭과 달걀, 누가 먼저인가? __ 81

7장   우리가 왜 구해야 하는가? __ 89

8장   빚 갚기 __ 99

9장   세련된 방식의 보상(報償) __ 109

10장   이것은 과잉 아닌가? __ 117

11장   새 마음, 새 사람 __ 129

12장   돌아온 것은 마땅히 돌려보내고 __ 143

후기   고통 받는 하느님만이 구원하실 수 있다 __ 159

참고문헌 __ 171

Study Guide __ 173

"나는 건강한 사람을 위해서 온 것이 아니라, 의사를 필요로 하는 사람들을 위해서 왔다."
— 예수 (루가 5:31-32)

"알코올은 라틴어로 '스피리투스'(*spiritus*)인데, 이 말은 가장 높은 종교 체험을 뜻할 뿐 아니라 가장 독한 독약을 뜻하기도 한다."
— 카를 융이 1961년 죽기 전에 빌 윌슨에게 쓴 편지에서

머리말

"이것들만이 진정한 생각, 난파당한 사람들의 생각이다. 나머지는 모두 수사학적이고 가식적(假飾的)인 광대극이다."

— 호세 오르테가 이 가셋트[1]

25년쯤 전에, 신시내티에서 "(알코올 중독자 치유를 위한) 열두 단계 프로그램"의 지혜를, 성 프란체스코가 "복음의 진수(眞髓)"[2]라고 부른 것과 연결시켜 강의한 적이 있었다. 나는 그것이 얼마나 명백하고 쉬운 작업인지 스스로 놀랐지만, 그 양쪽 분야의 사람들한테도 마찬가지로 명백한 것은 아니라는 사실에 더욱 놀랐다. 그래서 지금 나는 이 글을 통해 그 명백해 보이는 것이 좀 더 명백해질 수 있기를 바라는 바이다.

"열두 단계의 사람들"은 때로 자기네가 매주 수요일 저녁에 모이는 교회 지하실 모임에 참석하기 위해 교회를 떠났다고 생각했다. 그리고 지상(地上)의 성스러운 곳에 있는 많은 사람들은

---

[1] http://www.philosophicalsociety.com/Philosophy2/Thoughts%20On%20Life-2.htm.

[2] Thomas of Celano, "Second Life of St. Francis," *St. Francis of Assisi: Omnibus of Sources* (Cincinnati: St. Anthony Messenger Press, 2009), p. 208.

자기들의 "더 높은" 관심사가 지하(地下)의 "문제 많은 인간들"의 관심사와는 다른 것이라고 제멋대로 생각했다. 두 가르침 사이의 유사한 메시지는 나로 하여금 우리가 같은 성령과 같은 집단 무의식에서 오는 공동의 영감을 받고 있는 것이라는 확신을 갖게 하였다. 실제로 나는 여전히 실천적(변형적, transformational) 차원에서 예수의 복음 메시지와 빌 윌슨(Bill Wilson)의 "열두 단계" 메시지가, 내가 이 책에서 보여주고자 시도하겠지만, 크게 보아서 몇 가지는 디테일하게 동일한 메시지라고 생각한다. (나는 자주 빌 윌슨을, "열두 단계"와 익명의 알코올 중독자들이 말하는 "큰 책"의 저자로 인용할 것이다. 하지만 정확한 저자가 누구인지에 대하여 몇 가지 의혹이 있음은 알고 있다.)

본디 내 강의 제목인 "물 밑에서 숨 쉬기"(Breathing Under Water)는 동일한 메시지의 많은 내용을 함축한 것으로 보이는 캐롤 비엘렉의 시에서 가져온 것이었다. 여기 그 전문을 옮긴다.

"물 밑에서 숨 쉬기"

나는 바닷가에 내 집을 지었네.
잘 들으시게.
모래 위가 아니라
이리저리 움직이는 모래 위가 아니라,
반석 위에 내 집을 지었다네.

막강한 바다 가장자리에
막강한 나의 집.
그리고 우리, 바다와 나,
서로 잘 아는 사이가 되었지.
많은 말이 필요 없는
서로 좋은 이웃,
우리는 침묵 속에서 만났다네.
거리를 두고 존중하면서
모래 담장 너머로 서로의 생각들을 건너다보며.
언제나 모래 담장으로 경계를 짓고
언제나 둘 사이에 모래를 두고.

그러던 어느 날,
―어떻게 그 일이 일어났는지 지금도 나는 모른다네.―
바다가 왔어.
아무런 예고도 없이.
환영하는 인사도 없이,
갑자기도 재빠르게도 아니지만
포도주처럼 모래를 넘어,
흐르는 물보다는 흐르는 피처럼 그렇게
천천히, 하지만 오고 있었어.
천천히, 하지만 찢어진 상처처럼 흘러들었어.
나는 도망칠 생각을 했고 익사(溺死) 당할 것을 생각했고 그리고 죽음을 생각했다네.
바다가 더 높이 기어오르리라 상상하고 있는데
드디어 그것이 우리 집 문간에 닿았지.
그때 나는 알았네.
도망칠 수도 없고 죽음도 없고 익사 당함도 없다는 것을.
바다가 와서 더 이상 자네를 이웃이라고,
서로 잘 알고 적당하게 거리를 둔
다정한 이웃이라고 불러주지 않을 때,
비로소 자네는 자네 집을 산호(珊瑚) 성채로 내어주고
그리고 물 밑에서 숨 쉬는 법을 배우게 되지.[3]

    내 강의를 담은 녹음테이프가 몇 년 동안 돌아다녔고 나중에는 CD로 구워지기도 했다. 그러다가 15년 뒤에, "우리는 어떻게 물 밑에서 숨 쉴 것인가?"라는 제목으로 두 번째 강의를 하게 되었다. 사람들이 그 내용을 책으로 써달라고 끊임없이 나를 재촉하였다. 그래서 몇 가지 그 동안의 경험으로 성숙된 내용을 보태어 이 글을 쓰게 된 것이다. 나는 이 글이 우리 모두에게, 자기도 모르는 사이에 익사당하고 있는 것 같은 우리의 문화와 교회를 위하여, 물 밑에서 숨 쉬는 몇 가지 교훈을 제공할 수 있기를 희망한다. 오르테가 이 가셋트가 "난파당한 사람들"의 마음상태라고 부른 그것이 익사에서 구원받는 데 필요한 출발점이 되겠다.

---

[3] *Inherited Illusions: Integrating the Sacred and the Secular* by Thomas Cullinan (Westminster, Md.: Christian Classics, 1988), pp. 56-57에서 재인용.

복음과 열두 단계의 연계

나는 이 책에서 올가미에 걸린 개인들을 먼저 다루겠지만, 상황, 문화, 나라들 사이의 매우 비슷한 평행선들도 찾아보고자 한다. 기관 컨설턴트로 일하는 심리치료사 앤 윌슨 셰이프는 여러 해 전에 우리 사회 자체가 전형적인 중독의 모든 증상을 보여준다고 말하였다. '중독'이 성서에서 전통적으로 말하는 '죄'를 설명하는 효과적인 은유로 사용될 수 있겠다는 생각이 든다.

나는 개인적으로 죄가 사실은 '복음'과 "열두 단계 프로그램" 사이의 근본적인 연계일 수 있다고 확신한다. 죄를, 그것에 대해 책임을 져야 하고 벌도 받아야 하는, 또는 "하느님을 불행하게 해드리는" 무엇으로 보는 대신에, 중독처럼 하나의 **질병**으로, 매우 파괴적인 질병으로 본다면 얼마나 큰 도움이 되겠는가? 죄가 정녕 하느님을 불행하게 해드린다면 그것은 **하느님이 우리의 행복 말고는 아무것도 원치 않으시고 당신의 뜻이 우리 병을 고쳐주는 데 있기** 때문이다. 예수의 치유사역이 이 사실을 명백하게 밝히고 있다. 치유가 그분이 하신 일의 거의 전부였고 그분의 가르침 또한 대부분이 치유를 조명하고 있다. 거꾸로 말해도 옳다. 치유가 그동안 교회의 모든 일과에서 으뜸 자리를 차지하지 못했다는 사실이야말로 오히려 놀라운 일이다.

캐롤 비엘렉이 그녀의 시에서 말하듯이 중독 문화가 밀물처럼 밀려와서 우리를 물에 빠뜨리는 것을 막을 수는 없다. 하지만 적어도 현실을 있는 그대로 직시하고 적당하게 그것으로부터 멀어지는 길을 찾고, 산호 성채를 짓고 그리고 물 밑에서 숨 쉬는 법을 배우기는 해야 한다. 그것을 신약성경은 구원 또는 깨달음이라 불렀고 "열두 단계 프로그램"은 회복이라고 불렀다. 문제는 대부분 그리스도인들이 이 위대한 해방을 내세로 미루어놓고, 열두 단계의 사람들은 자아의 진정한 변화 대신에 단순히 중독 증세에서 벗어나 술에 취하지 않은 상태로 만족한다는 점이다. 결국 우리 모두 패배자가 되어, 아직 삶이 남아 있을 때 조금이라도 일찍 하느님의 잔치에 참여하여 즐기는 대신, "총구(죽음) 앞에 닥쳐서야 얻는 깨달음"을 막연히 기다리고 있는 것이다.

"열두 단계 프로그램"은 예수가 우리에게 준 똑같은 메시지를 거울로 비쳐주고 또 그것을 실천에 옮긴다. 그러나 "열두 단계 프로그램"은, 예수의 메시지를 영적인 것으로 만들어 앞으로 올 나라와 형이상학적인 세계에서 그 효과를 기대하게 만드는 위험이 별로 없다. 4세기 그리스도교가 로마제국의 국교로 되면서 우리는 너 자신이 "하느님의 본성"(벧후 1:4)으로 변화되라는, 그래서 이 땅에 "새로운 창조"(갈 6:15)를 가져오라는 중심 메시지를 통해서 깨달은 사람으로 가는 실제적 '단계들'을 경험하는 대신에 초월적 진리 주장들(예컨대, 예수는 하느님이다, 하느님은 삼위일체시다, 마리아는 동정녀다, 등)에 **동의해야만** 하게 되었다.

그 뒤로 우리는 어떻게 예수를 구체적으로 따를 것이냐가 아니라 어떻게 하나의 통일된 제국으로서 예수를 예배할 것이냐에 중심을 두게 되었다. (그가 "나를 예배하라"고는 단 한 번도 말하지 않고 "나를 따르라"고는 여러 번 말했는데도 말이다!) 교황이나 주교들이 아닌 황제들이 몇 차례 교회의 공의회를 주관하였고, 그들의 관심은 언제나 미사를 통한 치유보다 통일된 제국에 있었다. 그리고 예수의 비폭력에 대한 명백한 가르침, 단순 소박한 생활양식, 변두리 인생들의 치유는 주요 의제가 아니었다. 그것들은 오늘 우리가 보는 바와 같이, 제국의 긴급한 관심사에서 벗어난 것들이었다.

우리 그리스도인들은 **형이상학**(metaphysics)**과 미래**에 몰입한 결과 **물리**(physics) **자체와 현재**를 외면하게 되었다. 끝없는 이론화, 옳을 수도 있고 그를 수도 있는 견해에 대한 집착, 어느 한쪽을 편들기가 너무 떠들썩하게 나팔을 불어대느라, 우리 안에 내재하는 신(Divine Indwelling), 여전히 세계를 변화시킬 수 있는 참된 '성육신'(incarnation)이라는 누구에게나 보편적으로 주어질 선물을 쫓아내버렸다.

흔히 첫 번째 서방 신학자로 불리는 테르툴리아누스(166-225)가 말한 대로, 육신(the flesh)은 그것에서 구원이 돌아가는 돌쩌귀요 그것으로 구원이 돌아가는 굴대다(*caro salutis cardo*).[4] 물질과 육체와 세상에 관한 관심을 잃을 때 그리스도교는 하느님이 실제로 어떻게 세상을 사랑하시는지에 대해 할 말이 별로 없다. 우리는 또한 '성령'에 대한 끝없는 논쟁 속에서 몸과 영혼을 둘 다 회피하는 경우가 많다. 지금도 여전히 신학과 예전(禮

---

4) Tertullian, *De Resurrectione Carnis*, 8:2.

典)의 추상적 관념에 대하여 논쟁하고, 언제나 누구에게나 유용한 성령을, 온갖 조건을 충족시킨 극소수에게 내어 맡긴 결과, 육신의 중독(bodily addicted)과 영혼 없는 사회(soulless society)로 인해 고통을 겪고 있다.

아픔을 향해서 나아감

"열두 단계 프로그램"으로 들어가는 옆문은 없다! 그것은 가치 있는 무엇을 놓고 겨루는 콘테스트가 아니다. 절대로 필요한 출발점이 하나 있을 뿐이다. 자기의 무능함을 경험하는 것, 거기에서 우리 모두 출발해야 한다. 익명의 알코올 중독자들(A.A. Alcoholic Anonymous)은 이 점에서, 언제든지 아픔이 있는 곳으로 가신 예수처럼 정직하고 겸손하다. 예수는 인간의 고통이 있는 곳이면 어디든지 가서 지금 당장 그 고통에 대해, 또한 그 고통의 치유에 관심을 가지셨다. 우리가 예수의 관심을 "자격 있는 자들"이 미래에 보상받을 무엇으로 미루어두는 것이야말로 놀랍고도 슬픈 일이다. 마치 우리 가운데 누가 그 자격자인 것처럼 생각하면서 말이다.

우리가 두려워하는 것이 이런 인간의 고통인가? 무능함, 난파당한 사람들의 상태, 이것은 우리 모두가 스스로에게 진지하다면, 어떤 방식으로든 겪는 일이다. 그런데 우리가 그 일을 잘 해내지 못하고 있음을 빌 윌슨은 보았다. 그는 그것을 '부정'

(denial)이라고 불렀다. 우리가 그것에 정직하지 못하고 그것을 알아차리지도 못하는 것은 우리의 찌꺼기 대부분이 무의식에 묻혀 있기 때문이다. 그러므로 그 숨겨진 차원에 가서 닿는 영성을 발견하는 것은 절대적으로 반드시 필요한 작업이다. 그러지 않고서는 진정한 변화가 있을 수 없다.

자신의 무능함을 깨닫지 못하는 것은 반드시 나쁜 의지가 아니고 우리의 과거에 대한 의식적인 부정 또한 아니다. 단지 어떤 것을 깨닫도록 강제당하지 않은 것을 우리가 보지 못하는 것일 따름이다. 예수의 말을 빌리면, "형제의 눈 속에 있는 티는 보면서 제 눈 속에 있는 들보는 보지 못하는"(마태오 7:3) 것이다. 예수의 눈부신 이 한 마디에 온갖 속임수 게임이 다 드러났다. 하지만 우리에게는 내 눈 속에 있는 들보를 다루지 않을 수 없도록 강제하는 무엇이 필요해 보인다. 대부분은 아니더라도 많은 사람에게 그들로 하여금 자신의 실상을 보도록 강제하기에 충분한 힘이 있는 것은, 어떤 물질의 중독을 경험하거나 도덕적으로 과오를 범하거나 아니면 무기력하게 힘 한 번 써보지 못하고 몰락하는 경험이다.[5]

술이나 마약에 중독된 사람들만이 아니라 우리 모두가 영적으로 무능한 존재들이다. 그래서 나는 지금 모든 사람을 대상으로 삼아 이 책을 쓰고 있다. 알코올 중독자들의 무능함은 우리가 그것을 눈으로 쉽게 볼 수 있을 뿐이다. 나머지 우리들은 무능함을 여러 다른 모양으로 위장하고, 자기의 교묘하게 감춰둔 중독

---

[5] Richard Rohr, *Falling Upward: A Spirituality for the Two Halves of Life* (San Francisco: Jossey-Bass, 2011).

과 집착, 특히 자기의 사고방식(에고 중심적인 主體-客體라는 이분법적 사고 - 역자주)에 대한 집착을 과잉보상하고 있는 것이다.

우리 모두 우리 자신의 사고방식을 정상적이고 합리적이고 나름대로 진실하다고 간주한다. 심지어 우리의 사고방식이 완전히 정확하지 않을 때에도, 그렇게 간주한다. 우리는 같은 짓을 되풀이한다. 심지어 그런 행동이 자신한테 별 도움이 안 될 때에도 계속 반복한다. 이것이 바로 모든 중독 상태와 생각하는 마음(mind)의 자기 파괴적이고 "악마적"이기까지 한 본성이다. 우리는 우리가 생각하는 것이 우리라고 생각한다. 우리는 심지어 그 생각을 완전히 진실한 것으로 간주하기까지 하는데, 이로써 우리는 실상으로부터 적어도 두 걸음은 멀어지게 된다. 진실은 우리가 우리 자신의 가장 고약한 원수이고, 구원이란 근본적으로 자기 자신한테서 해방되는 것이다. 사람들은 자기 잘못을 인정하고 고치려 하기보다는 차라리 죽으려 하는 것처럼 보인다.

이 마음이 설왕설래하는 논리들과 합세하여, 복음 자체를 성취 경쟁으로 바꿔버렸다. 즉 비록 모든 사람이 정상적인 표준에 의하여 탈락되더라도, 그 안에서 "가장 의지력이 강한 자가 승리하는" 어떤 성취를 향한 경쟁으로 복음 자체를 바꿔버렸다. 그리하여 에고("거짓 자아" 또는 바울로가 말한 "육"으로 읽어도 됨)가 저를 추진하고 방어하기 위하여 얼마나 멀리까지 갈 수 있는지를 보여준다. 에고는 제 잘못을 인정하거나 그것을 고치려 하느니 차라리 죽으려 한다. 하느님을 좇아서 둘 다 이기는 승리보다 이기느냐 지느냐를 겨루다가 모두 패하는 승부의 세계에서 살고자 한다. 에고한테 은총은 언제나 하나의 굴욕처럼 보인다.

이 차원에서는 기성종교가 더 이상 많은 사람들에게 기쁜 소식이 아니라 실은 나쁜 소식이다. 그것은, 오늘 우리가 거의 모든 그리스도교 국가들(그리고 거죽의 형식을 지킬 따름인 사람들)에서 보게 되는 완강한 무신론과 불가지론, 쾌락주의, 세속주의를 우리 앞에 내세운다. 요즘 나는 중독 상태에서 회복 중인 사람들보다 자기가 "회복 중인 가톨릭 신자"라고 말하는 사람들을 더 많이 만난다. 교회에 들어오는 사람이 하나라면 교회를 떠나는 사람이 셋이라는 말도 들었다. 그들 모두 심성이 나쁘거나 진지하지 못한 사람들일까? 나는 그렇다고 생각하지 않는다. 어쩌면 그들이 갈망하고 기대하고 그들한테 필요한 기쁜 소식을 우리가 주는 데 실패했기 때문 아닐까?

"생생한 영적 체험"

한편, "열두 단계 프로그램"은 많은 사람이 단지 술이나 마약과 같은 물질 중독에서 벗어나 멀쩡해지는 것에 멈추고, 빌 윌슨이 완전한 회복에 절대 필요한 바탕이라고 말한 "생생한 영적 체험"으로는 옮겨가지 않는다.[6] 그리스도교가 전통적으로 말하는 영적 여정의 단계를 (1) 정화(淨化), (2) 깨달음, (3) 합일이라고 한다면, 너무나 많은 중독자들이 두 번째나 세 번째 단계—자

---

6) Alcoholic Anonymous: *Big Book* (New York: AA World Service, 1939), pp. 27-29, 569-570.

아의 영적 깨달음—까지 가려고 하지 않고, 나아가 하느님과의 합일을 경험한 사람의 풍요로운 삶까지 가는 사람은 거의 없는 것 같다. 그런 점에서, 이런 말을 하는 게 슬프기는 하지만, 그들은 많은 주류(mainline) 그리스도인들의 모습을 반영하고 있다.

"열두 단계 프로그램"은 너무나 자주 문제해결의 차원에 머물렀고 황홀한 경지—하느님과의 신뢰할만한 교제 또는 예수가 자주 말하는 '혼인잔치'—에는 미치지 못했다. 그리하여 그보다 더 어려운 "무미한 도취" 속에서 살아야 하는 난제를 세상에 던져주었다. 그들은 더 이상 술을 마시거나 약물을 복용하지는 않는다. 그러나 나머지 우리를 자기들의 "전부 아니면 전무"(all or nothing)라는 사고방식으로 살아가도록 몰아가고, 그것은 대부분의 조용하고 분명한 소통을 일그러뜨리고 파괴한다.

내가 좀 불공평하다고 생각되면 빌 윌슨이 몇 년 뒤에 직접 한 말을 들어보라.

A.A.(익명의 알코올 중독자들 모임) 초창기에 상당수의 저명한 심리학자와 의사들이 연대하여 이른바 문제의 술꾼이라 불리는 규모가 꽤 큰 그룹을 철저하게 연구하였다. 그리고 당시 A.A. 멤버들에게 충격을 준 결론을 내렸는데, 연구 대상으로 삼은 대부분의 알코올 중독자들이 여전히 어린아이 같고 정서적으로 민감하고 행동에 과장이 심하다고 노골적으로 말하였다.

우리 알코올 중독자들이 그 판정을 얼마나 불쾌하게 여

겼던지! 우리는 어른들의 꿈이 가끔 진짜 어린아이답다는 사실을 믿으려 하지 않았다. 거친 인생살이가 우리에게 준 것을 고려할 때 우리가 민감한 것은 자연스러운 일이라고 생각하였다. 또한 과장된 몸짓에 대해서는 인생이라는 전쟁터에서 승리하겠다는 고상하고 정당한 욕망이 있을 뿐 다른 것은 없다고 주장하였다.[7]

내가 사제로 40년 넘게 살면서 경험한 바로는 수많은 선의의 그리스도인들과 성직자들에 대해서도 똑같은 말을 할 수 있다고 본다. 그들의 종교는 무의식의 차원에서, 즉 모든 진짜 동기와 상처, 용서받거나 용서하지 못한 일, 분노, 증오, 착각 따위가 저장되고 감추어져 있으며 자주 폭발하는 무의식의 차원에서 결코 그들을 만나지 않았고 치료하지도 않았다. 그들은 예수가 우리를 초대하는 '골방'으로, 모든 것이 은밀하게 감추어져 있는 곳으로(마태오 6:6) 들어가지 않았다.

그리스도인들은 보통 진지하고 선의를 지닌 사람들이다. 에고, 통제, 권력, 돈, 쾌락 그리고 안전이라는 진짜 문제를 만나기 전까지는 그렇다. 다른 모든 사람들과 마찬가지로 그들은 우아하게 살려고 한다. 그동안 우리는 그들에게 자아의 깊은 변화 없는 가짜 복음을, 패스트푸드 종교를 제공하였다. 그리고 그 결과 소비 위주로 살면서 오만하고 호전적이고 인종을 차별하고 계층의식을 지니고 여러 모양으로 중독이 된, 때로는 그보다 더한,

---

7) 이것이 *Twelve Steps and Twelve Traditions*의 열두 번째 단계이다.

"그리스도교 국가들"의 영적 재앙을 보고 있는 것이다.

예를 들어, 사람들이 가톨릭 신자인 이유가 그들이 "단계를 밟았거나" 자기 삶을 바꿔놓은 "생생한 영적 체험"을 했기 때문이 아니라 그들이 이탈리아 사람, 스페인 사람 또는 아일랜드 사람이기 때문이었다. 이 사실에 우리는 방어적이 되지 말고 정직해야 한다. 문제가 매우 중대하고 매우 절박하다. 개인의 잘못을 보지 못하는 우리의 무능은 제도와 국가의 범죄를 보지 못하는 무능에 평행한다. 그것은 중독과 부정의 패턴과 동일하고 하나이다. 교황 요한 바오로 2세가 "구조적 범죄"라든가 "제도적 악"이라는 용어를 우리에게 소개한 것은 하느님께 감사할 일이다. 최근까지만 해도 그런 용어들은 대부분의 그리스도교 역사에서 언급조차 되지 않았다. 전통적으로 교회는 악의 세 가지 근원을 "세상, 육 그리고 악마"라고 말해왔다. 우리는 그 가운데서 '육'에만 관심을 집중하였고 그 바람에 세상과 악마로 하여금 빚을 탕감 받게 하였다.[8]

우리는 우리를 위한 일을 차단하였고, "열두 단계 프로그램"은 그것이 패스트푸드나 싸구려 은총이 아니라 진짜 과제임을 분명하게 해주었다. 복음을 읽는 사람들은 정직하게 내면의 작업을 할 필요가 있고, "열두 단계의 사람들"은 실제로 그 단계를 밟아나갈 필요가 있다. 그리고 그들 모두 자기네가 매우 풍요롭고 영양가 있는 "복음의 진수(眞髓)"를 먹고 있다는 사실을 알아야 한다.

---

[8] "The Spiral of Violence," CD recording by Richard Rohr, available at cac-radicalgrace.org.

중독에 관한 네 가지 가설

그래서 나는 네 가지 가설 아래 이 책을 쓴다.

우리 모두 중독자다. 인간 존재는 그 본성이 중독자다. 중독은 성경이 전통적으로 '죄'라 부르고 중세기 그리스도인들이 '정욕' 또는 '집착'이라고 부른 것을 정직하게 서술한 현대적 명칭이다. 우리가 이 착각과 올가미를 부수고 나오려면 진지한 대책 또는 수련이 필요하다는 것을 그들은 알았다. 실제로 신약성경은 그것을 '축귀'(逐鬼)라고 지칭하였다. 자기네가 비(非)이성적인 악 또는 '악마들'을 상대하고 있다고 생각했던 것이다.

"악취를 풍기는 생각"은 보편적인 중독이다. 알코올이나 약물에 대한 중독은 그 형태가 가장 잘 드러나 보이는 중독이다. 하지만 실은 우리 모두가 습관적인 생각, 자기방어 특히 자기의 고정된 사고방식 또는 자기 나름의 현실에 대처하는 방식에 중독되어 있다. 우리가 이렇게 말해야 한다는 사실 자체가 우리가 그런 것들 속에서 얼마나 눈멀어 있는지를 보여준다. 분명히 말하거니와 당신은 당신이 무엇에 중독되어 있는지를 모르거나 그것을 제어할 수 없다. 그것은 언제나 '감추어져' 있고 또한 다른 무엇으로 위장되어 있다. 예수가 게라사 귀신한테 그랬듯이, 누군가는 "네 이름이 무엇이냐?"(루가 8:30)고 물어야 한다. 악마를 쫓아

내려면 먼저 그 이름을 정확하게 알아야 한다. 당신이 먼저 인식하지 않는 것을 치유할 수는 없다.

모든 사회가 저 자신한테 중독되어 있고 그것들과 깊은 상호의존 관계를 창출해낸다. 모든 문화, 모든 기관에는 거기 속한 이들이 동의하고 공유하는 중독이 있다. 그것들이 중독으로 보이지 않기 때문에, 우리 모두가 같은 것을 하지 않고는 못 배기는 데 동의하고 그것이 문제임을 알아보지 못하기 때문에, 그래서 그것들을 다루기가 무척 어렵다. 복음은 모든 문화 속에 숨어 있는 그 문화의 거짓을 노출시킨다. 석유, 전쟁, 제국주의에 대한 아메리카의 중독, 자기들만이 절대적인 예외라는 주장에 대한 교회의 중독, 자기가 무능한 희생제물이라는 생각에 대한 가난한 이들의 중독, 종족 우월성에 대한 백인의 중독, 사람들이 불러주는 호칭에 대한 부자들의 중독 등이 그것이다.

몇 가지 형태의 대안적 의식(alternative consciousness)**이 자기 자신과 문화의 거짓에서 벗어나는 유일한 해방이다.** 우리의 고정된 사고방식으로—그것은 언제나 이분법적이다—모든 것을 이것 아니면 저것으로 보는, 별 도움도 되지 않는, 이분법적 사고방식과 우월의식을 무너뜨리기 위해서는 한때 '기도'라는 말로 불리던 묵상 수련의 길을 반드시 걸어야 한다. '기도드림'이 당신의 삶의 운영체계를 바꿔놓는다! "열두 단계"의 열한 번째 단계가 이를 잘 인식하고 있다.[9]

어떤 종교가 사람들을 신비적인 또는 비(非)이분법적인 의식의 차원으로 데려가지 않을 때 그 종교는 세상에 답을 주기보다 더 많은 문제를 일으킨다.10) 분노를 결속시키고 적들을 만들어 내고 그리고 언제 어디서나 "죄인"으로 판명된 자들을 철저히 배척하는 것이다. 이런 차원에서는 사람을 치유하고 화해시키고 용서하고 평화를 일구는 종교의 으뜸 과제를 감당할 수 없다. 어떤 종교가 사람들에게 내면의 삶 또는 진정한 기도생활을 제공하지 않을 때 그 종교는 근본사명을 놓치고 있는 것이다.

요약하겠다. 그래서 나는 예수와 A.A.의 "열두 단계"가 근본적으로 같은 길을 다른 언어로 가리킨다고 생각한다.

우리는 좋아지려고 고통당한다.
우리는 이기려고 항복한다.
우리는 살려고 죽는다.

---

9) 편집자주: 저자가 알코올과 마약 같은 물질의 중독만이 아니라 눈에 보이지 않는 온갖 문화의 중독, 그리고 특히 이분법적 사고방식의 중독을 지적하고 그런 중독에서 벗어나기 위한 "대안적 의식"을 말하는 것은 인간 모두의 에고중심적인 존재방식에서 벗어나기 위한 깨달음과 "인식론적 회심"을 강조하는 것과 연결시켜 이해할 수 있다. 이것은 불교에서 생각이 욕망, 분별, 아집, 망상, 편견, 분노와 공포를 낳는 번뇌와 미망의 원천으로 인식하여 생각과 집착을 죽이려 하는 것은 "개인적인 한 몸으로서의 나"(小我)에서 벗어나 "우주적인 나"(大我), 곧 "천상천하유아독존"(天上天下唯我獨尊)하는 만물의 근원으로서의 '참된 자아'와 일치하는 깨달음과 상통하는 것으로 볼 수 있다. 이것은 모두 운명론이나 타율적 종교를 거부하고 '나'를 찾는 것에 초점을 맞추는 "종교의 내면화"를 선언한 것으로 볼 수 있다. 참조, 오강남, 『불교, 이웃 종교로 읽다』 (2006), 33.

10) Richard Rohr, *The Naked Now: Learning to See as the Mystics See* (New York: Crossroad, 2009).

우리는 간직하려고 내어놓는다.

이 반(反)직관적인 지혜는 우리가 그것을, 우리 힘으로 어쩔 수 없는 현실에 의하여, 억지로 받아들이게 되기까지는 진실이 아닌 것으로 여겨져 부정되고 기피될 것이다. 우리가 정직하다면, 우리 모두는 옹근 '실재' 앞에서 **전적으로 무능한** 존재들이다.

제1장

힘없음

우리는 알코올에 대하여 힘없음을, 우리 삶에 아무런 대책이 없음을 스스로 인정했다. — 1단계

나의 초막은 목동의 초막처럼 뽑혀 말끔히 치워졌습니다. 당신께서는 직조공이 천을 감아 들이듯 나의 목숨을 감아 들이고, 베틀에서 자르듯 자르십니다. 해가 떠도, 해가 져도 당신께서는 나를 보아주지 아니하십니다. 아침이 되도록 나는 호소합니다. 주께서 사자같이 나의 뼈를 부수십니다. 해가 떠도, 해가 져도 당신께서는 나를 보아주지 아니하십니다. 내가 제비처럼 애타게 웁니다. 비둘기처럼 구슬프게 웁니다. 내 눈은 높은 곳을 우러러 보다가 멍해집니다. 나의 주여, 괴롭습니다. 나를 보살펴주십시오. — 이사야 38:12-14

나는 내가 하는 일을 도무지 알 수 없습니다. 내가 해야겠다고 생각하는 일은 하지 않고 도리어 해서는 안 되겠다고 생

각하는 일을 하고 있으니 말입니다. …그런 일을 하는 것은 내가 아니라 내 속에 도사리고 있는 죄입니다. 내 속에 곧 내 육체 속에는 선한 것이 하나도 들어있지 않다는 것을 나는 알고 있습니다. 마음으로는 선을 행하려고 하면서도 나에게는 그것을 실천할 힘이 없습니다. ― 로마 7:15-18

또 목자 없는 양과 같이 시달리며 허덕이는 군중을 보시고 불쌍한 마음이 들어… ― 마태오 9:36

솔직히 말하겠다. 난 하느님이 왜 이런 식으로 세상을 만드셨는지 정말 이해가 안 된다. 왜 바울로가 "나는 그리스도의 권능이 내게 머무르도록 하려고 더 없이 기쁜 마음으로 나의 약점을 자랑하려고 합니다. 나는 그리스도를 위해서 약해지는 것을 만족하게 여기며 모욕과 빈곤과 박해와 곤궁을 달게 받습니다" (2 고린토 12:9-10)라고 말했는지, 어째서 그에게는 "가장 약한 것이 가장 강한 것"인지, 그 이유를 모르겠다. 내 눈에는 아무래도 하느님이 야바위꾼처럼 보인다. 어쩌면 하느님이 우리와 게임을 하고 있는 건지 모르겠다. 오직 겸허한 자만이 찾아낼 수 있는 비밀장소에 자신의 거룩함과 온전함을 감추어놓으신 것 같다. 뒤죽박죽 하느님이 밑바닥에 있는 사람들을 진짜 정상에 있는 사람으로 드러내고, 정상에 오르려는 이들은 거기서 결코 제 모습을 보지 못하게 하려고 작심하신 것 같다. 왜 그렇게 위장을 하는 건가? 그런 숨바꼭질을 하는 이유가 무엇인가?

끊임없이 이어지는 하느님의 놀라운 변신

내가 감히 하느님을 안다고는 말할 수 없지만, 내가 보는 바로는 이렇다. 성공처럼 보이는 것에서 성공처럼 보이는 것으로 끊임없이 옮겨가는 거의 모든 사람들이, 자기는 그게 성공인 줄 알겠지만 진정한 성공이 무엇인지를 모른다. 반면, 이른바 성공을 제대로 못하고 실패한 이들이 간혹 깨달음과 자비로 뚫고 나가는 경우가 있다. 이것은 여전히 나에게 신비다. 당신에게도 신비일 것이다. 이 책을 끝까지 읽어도 그럴 것이다. 다만 이 책을 읽기 전의 당신과 읽은 뒤의 당신이 달라질 수는 있겠다. 그렇다면 그건 정말 큰 변화다. 바라건대 당신이 이 책을 읽고 나서 "신비스런 은총의 경륜"을 받아들이고 나아가 그것을 만끽하게 되었으면 한다. 그것은 끊임없이 이어지는 하느님의 놀라운 변신이다. 하지만 당신은 그것을 관통하여 건너편으로 나간 뒤에야 비로소 그것이 진실임을 알게 된다. 그냥 교회에 출석하고 성경을 읽고 성경에 관한 해설을 듣는 것 정도로는, 비록 그 해설에 동의한다 해도, 그것 가지고는 안 된다.

당신이 바닥을 치고 더 이상 스스로 땔감을 댈 수 없게 되기까지는 더 화력이 센 땔감으로 교체할 이유가 없다. 안 그런가? 도무지 그럴 까닭이 없는 것이다. 당신이 마련할 수 있는 자원이 고갈되어 어쩔 수 없게 되기 전에는 더 큰 자원(a Larger Source)을 찾아 나서려 하지 않을 것이다. 아니, 당신의 자원이 바닥나기 전에는 더 큰 자원이라는 게 있는 줄도 모를 것이다.

더 이상 당신이 '경영'할 수 없는 상황, 사람, 사건, 생각, 갈등, 인간관계 따위가 발생하지 않는 한, 당신은 결코 참된 경영자(the True Manager)를 찾지 않을 것이다. 그래서 하느님은 몇 가지 장치를 마련하여 당신으로 하여금 더 이상 스스로 경영하지 못하도록 만드신다. 자수성가한 사람들, 모든 영적 영웅들은 자신의 의지력과 결단력으로 좀 더 강한 자아를 만들어보려고, 그래서 잘 통제되는 자기를 회복하려고 노력할 것이다. 대부분 사람이 그들의 그런 모습을 좋게 본다. 그러면서, 결국은 굴복할 줄 모르고 오만하고 단단하게 굳어진 인간으로 남게 되는 불행한 결말을 내다보지 못하는 것이다. 그들은 스스로 만든 성공과 자기방어의 패턴을 끝도 없이 이어가야만 한다. 그렇게 해서 만들어지는 것은 사랑으로 사는 사람이 아니라 자기와 남을 엄격히 통제하는 사람이다. 당신 가족을 포함하여 많은 사람이 당신의 자부심과 공격성 때문에 비싼 값을 치르게 될 때까지 그 게임은 계속된다. 이것이 일반적인 패턴이다.

게다가 위대한 복음의 내용을 몇 가지 윤리적 규범으로 전락시키고 그런 문제들에서 스스로 우월감을 갖는 그리스도인들이 적지 않다. 에고는 언제나 높은 수준의 도덕을 강조하거나 아니면 바울로가 말했듯이, "계명을 기화로 나를 속이고 그 계명으로 나를 죽인다"(로마 7:11, 13). 이것은 정말로 바울로의 놀라운 통찰력인데, 그런 속임수가 흔하지 않다면 나 역시 그런 통찰력을 믿지 않을 것이다(예를 들어, 독신으로 생활하는 사제들이 산아

제한과 낙태를 악의 핵심이라고 주장하며, 이성애자들이 동성애자들의 결혼 문제를 사회의 가장 큰 위협이라고 간주하며, 자유주의자들이 현재의 정치를 바로잡을 문제들에 열을 올리면서도 세상의 실제적인 고통의 현실로부터는 멀리 떨어진 삶을 살며, 입만 열면 성서를 읊조리는 자들이 성서가 자신들에게 변화를 요구하는 구절들은 거의 무시해버리며, 이민자들의 나라가 이민자들에 반대하는 식이다). 우리의 에고는 여전히 우리의 생활방식을 지배하고 있으며, 우리는 에고가, 좌익이든 우익이든, 여러 단체에서 여러 모양으로 위장하고 활동하는 것을 목격한다.

우리가 마땅히 떠나보내야 할 것은 오만한 에고인데, 오직 자신의 힘없음(powerlessness)으로만 그 일을 제대로 할 수 있다. 빌 윌슨은 일찍이 그의 "열두 단계 프로그램"(알코올 중독자 치유 프로그램)에서 이 사실을 간파하였다. 그러지 않고서는 자신의 규율과 능력으로 자기 변화를 꾀할 따름이거니와 그것은 결코 진정한 변화일 수 없다! 누구도 자기 회심을 스스로 꾀하거나 이루어낼 수 없는 법이다. 에고의 도움을 받아서 에고를 바꾸고자 한다면 더욱 교묘하게 위장된 에고로 남을 뿐이다! 물리학자 아인슈타인이 자주 말하듯이, 애당초 문제를 일으킨 자의 의식으로는 그 문제를 풀 수 없는 것이다.

예수는 이 건방진 에고를 '밀알' 또는 "포도나무의 잘린 가지"라는 은유로 설명했다. 바울로는 '육'(flesh)이라는 말을 썼는데 불행하게도 많은 사람이 그가 '몸'(body)을 두고 말한 것이라고 오해하게 되었다. 그래서 어떤 성서번역자들은 '자기 탐닉'(self-indulgence)이라는 말을 쓰는데 훨씬 정확한 의미를 전달하고 있다. 어쨌거나 예수와 바울로가 모두 가리키는 것은 스스로 동떨어져 있다는 착각에서 자기를 방어하는 작은 자아[小我]다. 그리고 그들은 이구동성으로 그것을 버려야 한다고 말한다. "밀알 하나가 땅에 떨어져 죽지 않으면 한 알 그대로 있고 죽으면 많은 열매를 낳는다"(요한 12:24). 바울로는 말한다. '육' 또는 에고는 그 관심이 너무 작고 너무 이기적인 데 갇혀 있어서, 우리를 마땅히 가야 할 곳으로 가지 못하게 만든다고(갈라디아 5:19).

에고의 반응은 언제 어디서나 부적절하고 그릇되게 마련이다. 그것은 인생과 사랑을 더 깊게 더 넓게 확장시켜줄 수 없고, 속으로 웃음 짓게 해주지도 못한다. 당신의 에고는 언제 어디서나 시시한 겉모습에 집착하게 한다. 본디 제 안에 실체가 없기 때문이다. 에고는 집착과 혐오감으로 자기를 표현한다. 영혼은 집착하지도 않고 미워하지도 않는다. 그냥 바라고 사랑하고 그리고 떠나보낸다. 깊게 생각하기 바란다. 이 생각이 당신의 종교관에 변화를 가져다 줄 것이다.

성숙한 영성과 떠나보내기

"열두 단계"의 여러 교사들이 말하듯이, 첫 번째 단계가 가장 어렵고 그래서 많은 사람이 이 단계를 부정하거나 기피한다. 그 바람에 전체 과정을 시작도 못하는 것이다! 누구도 자기라고 생각하는 자기를 버리거나 죽이려 하지 않는다. 트라피스트 수도자 토머스 머튼(Thomas Merton)이 『새 명상의 씨』(*New Seeds of Contemplation*)에서 말했거니와, 그들의 "거짓 자아"(false self)가 그들한테 있는 모든 것이다. 행복을 추구하는 사람들의 프로그램에는 '떠나보내기'(letting go)가 들어 있지 않다. 하지만 **성숙한 영성은 예외 없이 떠나보내기와 배운 것 비우기**(unlearning)**를 말한다**. 그것은 절대적이다. 독일 신비주의 철학자 마이스터 에크하르트가 말했듯이, 영성생활은 더하기보다 빼기로 더욱 성장하는 것이다.

세상에서 에고가 무엇보다도 싫어하는 것이 변화다. 비록 지금 상황이 불편하고 끔찍해도 마찬가지다. 그 대신 **해봤자 아무 소용도 없는 짓을 하고 또 한다**. 중독(中毒)이란 그런 것이다. 특별히 무엇에 중독된 사람들뿐만 아니라 우리 모두가 실은 그러고 있다. 우리가 무슨 일을 한 번 더하는 이유는 방금 한 그 일에서 충분한 만족을 얻지 못했기 때문이다. 영국 시인 오든(A. H. Auden)은 말한다. "말이 났으니 말이지, 우리는 변화보다 차라리 파멸을 원한다. 지금 여기서 교차로를 건너가 자신의 착각을 죽이는 쪽보다는 공포 속에서 죽는 쪽을 택한다."

제2장

간절한 바람

우리보다 더 큰 힘이 우리를 말짱하게 회복시켜줄 것을 믿게 되었다. ― 2단계

태곳적부터 계시는 너의 하느님, 너의 피난처, 당신의 영원한 팔을 아래로 뻗으시고 네 앞에서 원수를 몰아내시며 "진멸하라." 하고 외치신다. ― 신명기 33:27

그러나 이렇게 사형선고를 받았다는 생각이 들자 우리는 우리 자신을 믿지 않고 죽은 자를 다시 살리시는 하느님을 믿게 되었습니다. ― 2 고린토 1:9

그러자 아들은 "아버지, 저는 하늘과 아버지께 죄를 지었습니다. 이제 저는 감히 아버지의 아들이라고 할 자격이 없습니다." 하고 말하였다. ― 루가 15:21

'2단계'는 성숙한 신앙의 도약(跳躍)에 앞서는 간절한 바람, 머뭇거림, 뒤로 물러남이다. '2단계'의 문장에서 동사를 "믿게 됐다"(came to believe)로 표현한 것은 탁월한 지혜다. "우리는 우리보다 더 큰 힘이 우리를 말짱하게 회복시켜줄 것을 믿게 되었다." 신앙으로 하는 굴복(the surrender of faith)은 한 순간에 이루어지는 것이 아니다. 떠나보내기, 배운 것 비우기, 자기를 내어맡김으로 이어지는 신뢰의 여정이다. 누구도 한두 번의 시도로 그것을 이루지 못한다. 간절한 바람과 욕망이 갈수록 깊어지고 넓어져야 한다.

자기를 마지막으로 치유에 내어맡기기 위하여 우리는 우리 안에 있는 세 가지 공간을 열어놓아야 한다. 온갖 견해로 가득 찬 머리(head), 막혀 있는 가슴(heart) 그리고 자기방어에 익숙한 몸(body)이 그것이다. 그것은 영성의 일이며 작업이다. 맞다. "우리보다 더 큰 힘"이 하는 일이요, 그것이 우리를 깊은 통찰과 밝은 깨달음으로 데려갈 것이다. 사람이 할 수 있는 가장 온전하고 자유로운 행위가 참된 신앙인 까닭이 여기 있다. 우리를 넓고 깊은 깨달음으로 인도하기에 대부분 종교전통들이 그것을 가리켜 '빛'(light)이라 부른다.

기억하자. 예수는 당신 자신만이 아니라 우리 또한 세상의 빛이라고 하셨다(마태오 5:14). 그리스도인들이 자주 이를 망각한다. 밝은 깨달음은 많은 종교가 '믿음'이라고 가르치는 닫혀 있는 머리, 죽어 있는 가슴, 육체부정에 정반대다. 당신도 분명 이런 말을 들었을 것이다. "지옥을 겁내는 자들에 의해 종교가 살고,

지옥을 통과한 이들에 의해 영성이 산다."

오늘날 세계에 무신론이 존재하는 가장 큰 이유는 아마도 대부분 종교들의 무해무독한 믿음체계 때문이지 싶다. 믿음체계는 신자가 아닌 사람들보다 더욱 강하고 자상하고 창조적인 사람들을 별로 만들어내지 못했으며, 흔히 훨씬 더 나쁜 사람들을 만들어냈기 때문이다. 이런 말을 하고 싶진 않지만, 어차피 종교는 최선의 사람들과 최악의 사람들을 아울러 배출하게 마련이다. 예수는 이 사실을 여러 맥락에서 지적한다. 단순히 정신으로만 받아들이는 밋밋하면서 무해무독한 믿음체계는 사람을 분열시킨다. 반면, 활동하는 신앙은 우리의 모든 부분(머리, 가슴, 몸)에 눈길을 모으고, 정돈된 단음(單音) 대신 배경음악들로 가득 찬 새로운 주파수의 방송을 우리에게 제공한다. 솔직히 말해서 사람의 머리, 가슴, 몸을 열고 습관적 방어기제와 잘못된 행복 프로그램 그리고 눈앞의 분명한 현실을 외면하는 여러 형태의 저항들을 제거하는 일은 생명을 담보로 할 만큼 위험한 대수술이다. 하지만 그게 옹근 회심(回心)의 살과 뼈다.

납득하기 어렵겠지만, 많은 형식적 종교인들이 현실에서 활동하는 '성령'을 믿지 않는다. 그들은 어떻게든지 성령을 소개하고 가르치고 '받는' 것이 자기네 임무라고 생각한다. 그러면서 이미 거기 있고 언제나 거기 있는 그리고 항상 자기를 편들어주는 무엇을 즐기려 하지 않는다. 성서학자 월터 윙크(W. Wink)는 그것을 가리켜, 진정한 그리스도교 세계관인 사람 몸으로 된 (incarnation) 세계관에 반대되는 '신학적'(theological) 세계관이라고 부른다. 사람 몸으로 된 세계관이야말로 진정한 그리스도교이다.[1] 당신의 모든 것이 거기 있을 때 당신은 알게 된다. 당신의 모든 것이 거기 현존할 때 잔치가 시작된다.

그러나 예수가 잔치 이야기에서 언급하셨듯이, 우리는 그토록 자유롭고 넓고 우리가 다가갈 수 있는 곳으로 가지 않겠다는 핑계를 많이 가지고 있다. 끝에 가서 예수는 말씀하신다. "아직 방들이 많이 남아 있다!" 잔치에 "나쁜 사람들과 좋은 사람들"이 함께 초대받았다(마태오 22:10)는 이유로 가지 않은 이들도 많을 것이다. 에고 또는 '육'(flesh)은 사교클럽이나 외부인 출입금지 단체를 선호한다. 그러나 베드로는 말한다. "하느님께서는 나에게 어떤 사람이라도 속되거나 불결하게 여기지 말라고 이르셨습니다"(사도행전 10:28). 비록 그 경지에 이르기까지 상당한 시일이 걸리긴 했지만 말이다.

세 공간이 모두 열려 상호 소통이 가능해질 때 우리는 언제 어디서나 지금 여기에 현존할 수 있다. 지금 여기에 현존하는 것은 그 순간 자기한테 무엇이 필요한지를 아는 것이다. 무엇에 현존하는 것은 그 순간, 그 사람, 그 생각 또는 그 상황이 당신을 바꿔놓도록 허락하는 것이다.

---

[1] 월터 윙크, 한성수 역, 『사탄의 체제와 예수의 비폭력』(한국기독교연구소, 2004), pp. 28-31.

내면의 세 공간 열어놓기

머리(mind) 공간을 열기 위해서 우리는 몇 가지 묵상(contemplation)과 명상(meditation)을 수련할 필요가 있다. 최근 수세기 동안 교회는 묵상과 명상을 무시했고 공동기도문을 외거나 말하는 기도로 그 빈자리를 채웠다. 하지만 그것들은 묵상하는 머리가 아니고 오히려 우리에게 괜한 우월감을 안겨주거나 두려움에 바탕을 둔 조직을 건설하는 데 일조하고 있다. '제11단계'에서 이 과정을 설명하는데 "기도와 명상"이라는 단어를 쓴 것은 매우 지혜로운 방식이었다. '묵상'은 "비이분법적 의식"(non-dual consciousness)으로 하는 것이다. "전부 아니면 전무"(all or nothing)라고 생각하는 중독자들의 "고약한 사고방식"을 극복하는 데 반드시 필요한 것이 묵상과 명상이라고 나는 생각한다.[2] **머리를 비우면서 가슴을 채우는** 그곳에 순수한 영성이 산다고 말할 수 있겠다.

가슴을 열기 위해서 우리는 몇 가지 과정을 거쳐야 한다. 우선 거의 모두가 안고 있는 지난날의 상처를 치료해야 한다. 교회가 그것을 두고 좀 이상한 단어를 쓰는데, 이른바 '원죄'(original sin)가 그것이다. 우리가 개인적으로 지은 죄는 아니지만 세대에서 세대로 전해져 내려오며 "**우리한테 일어난**" 무엇이라는 게 교회의 설명이다. 누구를 따로 정죄하자는 건 아니다. 애니어그램

---

[2] Rohr, *The Naked Now*; Cynthia Bourgeault, *Centering Prayer and Inner Awakening* (Lanham, Md.: Cowley, 2004).

은 아홉 가지 생존전략 또는 "행복 프로그램"을 분별하여 이름을 붙여주는 매우 탁월한 방법이다. 그것은 우리 모두의 가슴에 이런저런 상처가 있음을 보여준다. 애니어그램의 모든 유형이 반은 옳고 반은 그르다. 중요한 것은 우리가 자신의 그른 반쪽을 인정함으로써 옳은 반쪽을 자유롭게 풀어주는 일이다.[3] 또한 다른 사람들과도 좋은 관계를 유지하여 그들로 하여금 우리를 사랑하고 깊은 차원에서 우리와 만날 수 있게 하고, 우리 또한 그들을 사랑하고 깊게 만날 수 있어야 한다. 이만큼 긍정적이고 지속적으로 가슴 공간을 열어주는 다른 방법이 없다. 다행하게도 '2단계'에서 '10단계'까지에 그것을 가능케 해주는 방식들이 설명되어 있거니와 다음 장에서 좀 더 자세히 언급될 것이다.

끝으로 '우뇌'의 활동들, 곧 음악, 미술, 춤, 자연관찰, 단식, 시, 놀이와 생명을 긍정하는 섹스, 그리고 물론 건강한 인간관계 등에 의하여 가슴 공간이 열린다고 나는 생각한다.[4] 대량학살자들은 이런 경험을 한 번도 제대로 해본 적이 없고, 다만 자기 생각과 해석에만 몰입되어 있는 고독한 존재들이다.

나는 엄숙하게 미사를 집전하다가 회중에게 다가가 그들의 순진한 미소에 답하고 그들을 포옹할 때 비로소 내 가슴이 차갑게 닫혀 있었음을 깨닫던 때를 기억한다. 그것은 문득 되살아난 돌봄이요 연계(連繫, connecting)였다. 그것이 모든 회심 경험을

---

3) Don Richard Riso and Russ Hudson, *The Wisdom of the Enneagram: The Complete Guide to Psychological and Spiritual Growth for the Nine Personality Types* (New York: Banam, 1999).

4) Ken Wilber, *The Simple Feeling of Being* (Boston: Shambala, 2004); Bill Plotkin, *Nature and the Human Soul* (San Francisco: New World, 2008).

살려내는 숫돌이다. 그것을 통과하여 건너편으로 간 뒤에야 비로소 당신은 당신한테 있어야 했던 게 무엇인지를 알게 된다! 당신이 새롭게 거듭나기 위하여 믿음과 소망이 필요한 이유가 여기 있다. 남으로 하여금 당신에게 영향을 미쳐 당신을 바꿔놓도록 허용할 때 비로소 당신은 가슴이 활짝 열린다.

우리가 내리는 모든 결정이 불평불만과 기적 사이의 양자택일이라고 "기적수업"은 말한다. 왜냐하면 우리 영을 덮어씌우는 에고의 멜로드라마가 바로 불평불만이기 때문이다. 온갖 불평불만, 판단, 앙심을 포기할 때 당신은 진실로 자유로워지고 당신 영혼(soul)을 발견한다.

영혼은 창조, 이해, 평화, 어울림, 웃음 그리고 모든 가능성의 근원이다. 그것은 온갖 이름표(label) 너머, 고요가 있는 곳이다. 그러나 이름표 하나를 붙이는 즉시, 그게 무슨 이름이든 간에, 우리는 참 자아를 덮어씌우는 모습(image)을 하나 만들어낸다. 한번은 누가 루미에게 물었다. "당신 누구요?" 그가 대답했다. "나는 내가 누군지 모른다. 하지만 깜짝 놀랄 만큼 선명한 혼미(昏迷) 속에 있는 건 알지! 그대가 나에게 이름표를 붙이고 내가 누구라고 규정한다면, 그것이 그대를 굶겨죽일 것이다. 그대가 만일 나를 이름표 붙은 상자에 가둔다면, 그 상자가 그대의 관이 될 것이다. 나는 하느님의 벽에 메아리치는 그대 음성이다."

루미는 지금, 사람들이 우리에게 붙여주는 이름표들로 우리가 자아상을 만들고 있음에 대하여 말하는 것이다. 그런 이름표들이 없을 때 우리는 자유로운 영이고 우주의 자유로운 흐름이다. 이름표들이 우리 몸에 붙는 순간부터, 좋은 이름이든 나쁜 이름이든, 그 순간부터 우리의 자아상 또는 에고가 자신의 내적 자아를 덮어씌우기 시작한다.

솔직히 말해서, 당신 가슴이 한 번이라도 가슴다운 가슴이 되고자 한다면, 남을 위한 가슴이 되고자 한다면, 깨어져야 한다고, 그것도 공개적으로 깨어져야 한다고 나는 생각한다. 시므온이 마리아에게 "당신의 가슴은 예리한 칼에 찔리듯 아플 것입니다."(루가 2:35)라고 말했듯이.

자기를 덜 방어하면서 지금 여기를 몸으로 살기, 세포와 세포가 연결되듯이 남들과 연결되어 생존하기, 이것들 또한 과거의 상처들과 우리 몸에 축적된 아픈 기억들을 치유하고 정화시키는 작업이다. 우리 몸은 끊임없이 메시지를 보내고 있다. 게다가, 생각은 계속 당신을 속이지만, 다행하게도 몸은 거짓말을 하지 않는다. 선(禪) 수행자들은 이를 잘 안다. 예수가 병자 몸에 손을 대어 고쳐주신 사실은 많은 것을 말해주고 있다. 그는 병자의 어디에 과거 상처와 아픈 기억들이 보관되어 있는지를 아셨다. 그것은 바로 그의 몸이었다.

마사지 요법을 쓰는 사람이면 누구나 힐링 터치(healing touch)의 힘을 알고 있다. 건강한 섹스, 운동, 부드러운 포옹 등에 그런 기능이 있음은 두말할 나위 없다. 어른들이 내뿜는 부정적이고 위협적인 메시지로부터 아이들의 몸을 지켜야 하는 이유가 여기 있다. 몸이 알고 몸이 기억한다.

세상에 하느님이 사람 몸으로 되셨다고 믿는 종교는 그리스도교뿐이다. 그런데도 많은 그리스도인들이 오히려 사람의 육신, 물질세계, 섹스행위, 동물적 감성, 요가 같은 육체수련, 나아가 자연 자체에 대하여 노골적으로 냉소적이고 부정적인 태도를 보이는 것은 실망스러운 일이 아닐 수 없다. 내가 보기에 서방 그리스도교는 예수(몸과 영이 본디 하나인)보다 플라톤(몸과 영이 싸우는)에 더 많은 영향을 받으며 형성된 것 같다. 그리스도인들 가운데 많은 사람이 머리나 가슴보다 몸(body)을 더 크게 **억압하고 부정하면서** 살고 있지 않는가?5)

우리 몸은 한 가정의 잊혀진 중간 아들 비슷하다. 그래서 그가 지금 탐식, 함부로 섹스하기, 약물중독, 식사거부, 지구별의 환경에 대한 전면적 모독으로 앙갚음하고 있는 것이다.6) 이런저런 방식으로 우리는 지금 자신의 둥지를 허무는 중이다. 어차피 이 둥지는 중요한 물건이 아니고 구원은 "내세를 위한 철수작전"에 있다고 믿기 때문이다. 새 하늘과 함께 새 땅을 말하는 성경의 약속(묵시 21:1)을 곧이듣는 사람이 거의 없는 것 같다.

그런즉 영성이 하는 일은, 일회적으로 "예수를 영접하는 결단" 또는 교회의 성사들에 빠짐없이 참석하는 데 그치지 않고, 끊임없이 우리의 머리, 가슴, 몸을 해방시켜 더 밝게 보고 더 깨끗하게 살도록 이끄는 것이다. 머리 중심의 대부분 교회는 가슴

---

5) 역자주: 그리스도교가 성육신(incarnation)을 탈육신(excarnation)의 종교로 둔갑시켰다는 저자의 비판과 그 원인들에 관해서는 『불멸의 다이아몬드』, pp. 26-27의 역자주를 참고하라.

6) Stephen Buhner, *The Fasting Path* (New York: Penguin, 2003).

을 건드리지 않는다. 가슴 중심의 대부분 교회는 머리를 쓰지 않는다. 그리고 그 둘이 함께 몸을 무시한다.

나아가, 머리 중심의 교회는 흔히 묵상할 줄을 모르고 가슴 중심의 교회는 분별력이 별로 없다. 그리고 몸으로 살아가는 사람들은 교회를 떠나거나 교회에 출석은 하더라도 그 자리를 진실하고 절박하고 의미 있는 곳으로 여기지 않는다.

머리, 가슴, 몸을 다시 하나로 잇기

우리를 성하게 해줄 "우리보다 큰 힘"을 믿고자 한다면, **단순하고 분명하고 잘 정돈된 현존**(presence, 지금 여기를 살기)의 능력을 길러야 한다. 머리, 가슴, 몸으로 동시에 현존할 수 있는 사람은 언제 어디서나 **현존하시는 분**(The Presence)을, 그 이름을 하느님이라고 부르든 다른 이름으로 부르든, 만날 것이다. 다가오는 삶을 오는 그대로 받아들이고 모든 곳 모든 때에 우리와 더불어 살아 있는 놀라운 신비에 저항하지 않는 것으로, 우리는 지금 여기에 현존하는 기술을 익힐 수 있다. 탁월한 영성 저술가 파울라 다르시(Paula D'Arcy)가 자주 말하듯이, "하느님은 다양한 우리들 모습으로 변장하고 우리에게 오신다."

우리가 할 수 있는 일은 길에서 비켜나, 방어가 몸에 밴 자신의 행동을 지켜보고 안타까워하는, 그리하여 우리의 중심이 문을 닫아걸지 않도록 하는 것이 전부다. 그때 더없이 높은 힘인

"현존하시는 분"이 우리에게 분명히 효과적으로 작용하신다. 그분은 우리를 있는 그대로 조건 없이 끌어안으시고 서서히 그러나 확실하게 우리의 머리와 가슴과 몸을 연결시켜 옹근 '하나'로 살아 있게 하신다. 이로써 두 가지 움직임이 동시에 이루어진다. 하나는 우리 자신이 치유됨이고 다른 하나는 제한되고 일그러진 우리의 하느님 상(像)이 제대로 수정되는 것이다. 진실로, '참 하느님' 경험이 우리를 구원한다. 왜냐하면 그것은 언제나 우리가 기대한 것보다 좋은 상(像)이기 때문이다.[7]

인간의 세 부분에 대하여 잘 알고 있던 성인 바울로의 축사를 인용하는 것으로 이 장을 마쳐야겠다. "평화의 하느님께서 여러분을 온전히 거룩한 사람으로 만들어주시기를 빕니다. 또 여러분의 심령과 영혼과 육체를 우리 주 예수 그리스도께서 다시 오시는 날까지 완전하고 흠 없게 하여주시기를 빕니다"(1 데살로니카 5:23).

---

7) Gerald May, *Addiction and Grace: Love and Spirituality in the Healing of Addictions* (New York: HarperOne, 1988).

제3장

달콤한 굴복

우리의 의지와 삶을 우리가 하느님으로 알고 있는 하느님의 보살핌에 넘겨드리기로 결심하였다. — 3단계

너희 목마른 자들아, 오너라.
여기에 물이 있다.
너희 먹을 것 없는 자들아, 오너라.
돈 없이 양식을 사서 먹어라.
값없이 술과 젖을 사서 마셔라.
그런데 어찌하여 돈을 써가며
양식도 못되는 것을 얻으려 하느냐?
애써 번 돈을 배부르게도 못하는 데 써버리느냐?
들어라, 나의 말을 들어보아라.
맛좋은 음식을 먹으며
기름진 것을 푸짐하게 먹으리라.
귀를 기울이고 나에게로 오너라.

나의 말을 들어라.
너희에게 생기가 솟으리라. ―이사야 55:1-2

여러분은 내가 함께 있을 때에도 언제나 순종하였거니와 그때뿐만 아니라 떨어져 있는 지금에 와서는 더욱 순종하여 떨리는 마음으로 여러분 자신의 구원을 위해서 힘쓰십시오.
― 필립비 2:12-13

구하라, 받을 것이다. 찾으라, 얻을 것이다. 문을 두드리라, 열릴 것이다. 누구든지 구하면 받고, 찾으면 얻고, 문을 두드리면 열릴 것이다. ― 마태오 7:7-8

    AA(익명의 알코올 중독자들)의 교과서라 할 『큰 책』(*Big Book*)에 수록된 개인적인 이야기들 가운데서 "받아들이는 것이 답이었다."라는 이야기에서 가장 많은 도움을 받는다는 사람들이 있다. 사람들의 기질이 서로 다르고 의식 수준도 서로 다른 까닭에 감동받는 책들도 저마다 다를 것이나, 세 번째 단계의 "받아들임과 굴복"(acception and surrender)은 간략하지만 분명한 설득력이 있다. 그것은 "자비로운 죽임"(mercy killing)이라는 말에 새로운 의미를 부여한다. 굴복은 항상 내가 죽는 것처럼 느껴지지만, 해방으로 가려면 반드시 거쳐야 하는 길목이다. 최근에 "죽는 기술"을 다룬 좋은 책들이 많이 출판되었다. 이 분야는 80년대 초 스티븐 레빈(Stephen Levine)이 문을 연 뒤로 지금은 많은 저자들이 그 영역을 넓혀 거의 고유 학문으로 한 자리를 차지할 정도가 되었다.[1) 인류가 영적 성장을 하고 있다는 분명한 반증이다.

우리 모두 그냥 '받아들이기'—자기 자신과 다른 사람, 본인의 허물 그리고 모든 존재의 불완전함과 특이한 기질 등을 있는 그대로 받아들이기—의 경지에 이르기까지 얼마나 오래 기다려야 하는 걸까? 이는 그만큼 우리가 삶에 저항하고 자기의 중심을 거역하며 살고 있다는 얘기다. 가톨릭 사제인 헨리 나우웬이 어느 날 나에게 사석에서 "인간의 무궁무진한 자기혐오 능력"에 대해 말한 적이 있다. '받아들임'은 공격, 저항, 다툼 또는 도피 등과 같은 하나의 '방식'(mode)이 아니다. 그것들 가운데 어떤 것도 참된 받아들임과 평화로운 굴복이 우리에게 제공하는 심오하고 지속적인 결과를 가져다주지 못한다. 받아들임은 참으로 이상하고 강한 힘을 우리에게 준다. 알겠지만, 여기 내가 말하는 '굴복'은 흔히들 생각하는 '포기'(giving up)가 아니다. 지금 이 순간 눈앞에 있는 사건, 사람, 상황에 자기를 온전히 '내어줌'(giving to)이다.

"네가 거스르는 것이 그 덕분에 살아남는다."(What you resist, persists.)는 유명한 말이 오늘날 대부분 비폭력 교과서에 실려 있지만, 2천 년 세월이 흐른 뒤에야 비로소 인류는 "앙갚음하지 마라. 누가 오른뺨을 치거든 왼뺨마저 돌려대어라."(마태오

---

1) Stephen Levine이 쓴 책들과 Kathleen Dowling Singh, *The Grace in Dying* (New York: HarperOne, 1998); Kerry Walters, *The Art of Dying and Living* (Maryknoll, N.Y.: Orbis, 2011)을 보라.

5:39)는 예수의 충격적이고 엉뚱한 가르침을 현실에서 어떻게 실천할 것인가로 고민하기 시작했다. 어떻게 그것을 진실하고 지혜로운 가르침으로 소화할 것인가? 우리들 거의 모두가 놓친 그것을 어떻게 프란체스코, 간디, 마틴 루터 킹은 한 목소리로 말했을까? 이분법적 사고방식에 바탕을 둔 머리는 영적 문제를 풀지 못하게 되어 있다.

"자기 의지를 넘겨주는 일"을 가로막는 내적 장애는 오직 본인의 **결단**으로만 극복된다. 단순한 느낌이나 생각 또는 종교의 경전 몇 구절에 동감하는 것 정도로는 그 내적 장애가 극복되지 않는다. 무엇보다 먼저 넘겨줘야 할 것은 고집스럽게 자기 파멸을 초래하는 우리의 의지 자체다. 그것은 쉽게 굴복하지 않는다. 부모, 자녀, 배우자, 건강 또는 피치 못할 사정에 의해 강요받을 경우에만 마지못해서 넘겨준다. 우리는 아이가 태어나 두 살만에 벌써 "힘을 행사하려는 의지"(will to power)를 드러내고 십대에 이르면 그 의지를 노골적으로 행사하는 것을 목격한다. 바야흐로 '어른'이 되면 자기와 남을 아울러 통제하면서 가능한 모든 수단을 동원하여 자기 인생을 스스로 경영하려고 한다. 실제로 우리 문화는 "통제하지 않는" 사람을 별로 존중하지 않는다.

우리는 저마다 행복을 위한 프로그램, 안전이 보장되고 세상에서 인정받고 자기와 남을 통제하면서 지복을 누리기 위한 계획을 가지고 있다. 그러나 그것들이 갈수록 자기를 괴물로 만들 따름이요 기대한 효과를 거두지 못한다는 사실을 모른다. 이처럼 우리 자신이 어떤 방식으로든 힘 있는 사람이 되고야말겠다는 중독, 우리가 행복을 누릴 수 있다는 가짜 프로그램에 대한 우리의 중독을 무엇인가가 깨트려주어야만 한다. 여기서 에고의 꼬리를 무는 순환이 비롯된다. "나는 힘을 행사하고 싶다." —〉 "내가 통제할 것이다." —〉 "나는 항상 틀림이 없다." —〉 "봐라, 나는 참으로 힘 있는 존재다!" 이것이 "힘을 행사하려는 의지"의 악순환이다. 이것은 결코 행복한 사람과 그 주변에 행복한 사람들을 창조하지 못한다.

우리가 "**힘을 행사하려는 의지**"를 넘겨주는 일은 가장 기본이 되는 일로서, 어떤 종류의 믿음체계보다 앞선다. 실제로 종교가 그토록 재미가 없으며, 효과적이지도 않고, 심지어 고리타분한 이유는 교회나 성전, 사원에 다니는 많은 사람들조차도 "우리의 삶을 하느님의 돌보심에 넘겨드리는 구체적 결단"을 할 기회가 별로 없기 때문이다. 나는 평생 종교인들 속에서 살아오면서 수도원, 수녀원, 교회재판위원회와 사제들, 고위 성직자들, 평신도들과 교회 회의들에서 보통 자기주장과 고집이 넘쳐나는 걸 보아왔다. 실제로 대부분 교회의 신도들 가운데 자신들의 의지를 하느님께 실제로 넘겨드린 사람들의 비율은 비종교인들 모임에서의 비율과 비슷하다. 우리 모두가 이처럼 중요한 점을 놓치고 있다는 점은 정말로 우리를 낙담케 하는 일이다. 이슬람이라는 말은 '굴복'을 뜻하지만, 테러리즘, 자살폭탄, 그 자신의 권력에의 의지에 관한 진실에 굴복하기가 어려운 모습이다. 종교적 굴복은 흔히 종교적 지위 자체에 대한 굴복이며, 또한 상황에 대한 온전한 진실에 굴복하는 대신에 **현상유지**(status quo)에 굴복하는 것처럼 보여서 염려된다. 그래서 빌 윌슨은 알코올 중독자 회복 프로그램의 세 번째 단계에서 이 점을 분명하게 언급할 만큼 지혜로웠다.

그러나 예수는 이것을 첫 단계로 삼았던 셈이다. "나를 따르려는 사람은 누구든지 자기를 버려야 한다."(마르코 8:34; 루가 9:23; 마태오 16:4). 우리가 정말로 이 말씀을 마음 깊이 새겨들었던 적이 있었는가? "자기를 버리는 일"은 모든 복음서들 속에 분명하다. 이처럼 절대적이며 무책임한 표현을 통해 예수께서 의도하셨던 것은 무엇이었는가? 이것이 불자(佛者)들이 명상을 통해 행하려는 것인가? 물론이다. '3단계'에서 말하는 것과 정확하게 같은 내용을 예수가 가르치셨다고 나는 확신한다. 자기 자신보다 더 신뢰할 수 있는 다른 어떤 분(Another)에게 우리 의지를 철저히 내어드리라는 것이다! 불자들은 '누구'에게 굴복할 것인지 그 이름을 말하지는 않지만, 자기의 에고와 함께 인생을 통제하려는 의지를 구체적으로 내어주는 '방법'에서는 훨씬 낫다. 오히려 그리스도인들과 유대교인들이 자기를 철저히 내어드리는 일에 무심한 경향이 있다.

희생이라는 신화

자기 의지를 포기하는 대신에 가장 흔히 아니 거의 보편적으로 사람들이 취하는 행위가 무엇인지 아는가? 많은 사람이 그것으로 자기네 종교를 만들거니와, 나는 그것을 "**영웅적 희생이라는 신화**"(the myth of heroic sacrifice)라고 부르겠다. 실제로는 자기를 전혀 포기하지 않으면서 자기를 포기하는 가장 일반적 방법이 자기를 희생시키는 것이다! 그것이 보기에는 아름답고 너그럽고, 실제로 그럴 때도 있다. 그러나 대개는 여전히 자기중심적이다. 이것이 '인생 전반부'(first half of life)의 몸짓인데, 인생의 전반부에서는 각자 자기 정체성을 수립하고 남들과 경계를 분명히 긋고, 우월한 지위에 올라 존중받으려고 애쓰고 스스로 자기 인생을 통제하는 단계이다.2)

자기를 희생시키는 사람에게 누가 시비를 걸 수 있겠는가? 하지만 그것이 대부분의 전쟁을 일으키고 심지어 전쟁을 낭만적인 것으로 만들었음을 인류 역사가 보여준다. 권력 가진 자들이 일반 대중을 '희생'이란 말로 세뇌시켜 부리면서 막상 그 자식들은 전쟁터에 보내지 않는다. "개인적 희생"(personal sacrifice)이 올림픽과 아메리칸 아이돌과 수많은 영웅적 프로젝트와 놀라운 인간들을 생산하고 있다. 하지만 그것은 '복음'이 아니다. 가장 흔한 '대용품'일 따름이다.3)

알다시피 진심으로 남을 섬기는 사랑도 있지만, 영웅적 행동으로 자신의 도덕적 우월감을 충족시키면서 세상의 이목을 끌고 칭송을 얻고자 하는 사랑도 있다. 우리는 이 후자에서 병든 사랑

---

2) Rohr, *Falling Upward*. 저자는 우리가 인생의 '전반부'에서는 먼저 자기 정체성을 수립하고 나서 인생의 '후반부'에서는 그것을 스스로 비우는 것으로 설명하고 있다. - 역자주.

3) S. Mark Heim, *Saved from Sacrifice: A Theology of the Cross* (Grand Rapids: Eerdmans, 2005).

의 전형을 본다. 자살폭탄 테러집단, 만사에 자식을 자기 맘대로 조종하는 어머니, 툭하면 성을 내는 남자들이 자기희생을 바닥에 깔고서 그런 짓들을 한다.

'상호의존'(codependency) 관계에 있는 사람4)의 이른바 "도움을 주는"(enabling) 행동이 오히려 중독자들의 병을 더 키워주는 경우가 있다. 때로는 알코올 중독자보다 상호의존 관계에 있는 사람의 병세가 더 중할 수 있다. 그래서 막상 중독자가 치유 과정을 시작하게 되면, 이제 자기가 무엇을 할지 모르는 상태로 되는 것이다. 다른 모든 영웅적 희생과 마찬가지로 상호의존 관계에 있는 사람의 행동 또한 너무나 잘 위장되어 있었기에 최근에야 그 이름(codependency)을 얻었지만, 실은 그것이 없는 데가 없다. 상호의존 관계에 대한 연구는 우리에게, 많은 사랑이 실제로는 전혀 사랑이 아니고 오히려 위장된 자기사랑임을 보여준다. 그것이 너무나 교묘한 자기희생으로 위장된 까닭에 좀처럼 사랑 아닌 행동, 사랑 없는 행동으로는 보이지 않는다.

상호의존 관계에 있는 사람은 스스로 매우 강하고 너그럽고 사랑한다고 생각하지만, 중독자들처럼 건강하지 못한 상태로 끝나게 된다. 순교자 콤플렉스(martyr complex)가 이 거짓된 사랑의 모습을 보여준다. 그렇다, 나는 교회의 몇몇 순교자들이 실제

---

4) 역자주: 상호의존 관계에 있는 사람은 중독자와 가장 가까운 사이라서 심리적으로 건강을 잃은 사람을 가리킨다. 특히 알코올 중독자인 남편의 부인이 남편을 위하여 지극히 헌신적으로 온갖 집안일을 감당하고 헌신적으로 살아가지만 무의식적으로는 자기 존재의 의미를 유지하기 위해 남편이 회복하지 못하게 여러 가지 유발하는 언행을 하는 경우가 많다. 자녀들에게 집착하는 어머니들에게도 이런 상호의존 관계가 나타나기도 하며, 자녀들도 거기에 순응하는 형태로 상호의존 관계가 나타난다.

로 그랬다고 생각한다. 그들 가운데 어떤 사람은, 프란치스칸 형제들조차도, 남들이 자기를 미워하여 죽이고 싶게 만들 만한 짓을 골라서 했고 결국 자기를 희생시켜 "순교성자"라는 칭호를 얻기도 했다. 예수께서 "잘 들어라. 너희가 율법학자들이나 바리사이파 사람들보다 더 옳게 살지 못한다면 결코 하늘나라에 들어가지 못할 것이다."(마태오 5:20)라고 말씀하신 것은 놀랄 일이 아니다. 달리 말하면, 진짜처럼 보이는 "거룩한 행위"가 있지만 그게 그렇지 않다는 얘기다. 이것이 자기희생을 강조하는 종교다. 서기관들과 바리사이파가 그것으로 자기네 긍지로 삼았던 것이다.

모든 열심당과 독실한 신자들이 높은 수준에서 눈에 띄는 자기희생을 보이며 다른 사람들을 경멸한다. "나는 이렇게 율법을 지키고 예배시간에 늦지 않고 게다가 가난한 사람들을 돌보면서 자신을 희생시키고 있다." 그러면서 자기가 남들보다 영웅적이라고 생각하는 것이다. 하지만 실은 그렇게 "영웅적인 순종"으로 하느님과 이웃을 사랑하는 게 아니라 자기를 남보다 높은 도덕적 토대 위에 세우고, 거기서 오는 사회적 존경(social esteem)을 추구하는 것이다(루가 18:11-12 참조). 바울로의 말대로, 비록 모든 재산을 남에게 나누어 준다 하더라도 또 남을 위하여 불 속에 뛰어든다 하더라도 사랑이 없으면 아무 소용이 없는 것이다(1 고린토 13:3). 내가 보기에, 대부분 사이비 종교들이 한두 가지 눈에 띄는 방식으로 희생하는 모습을 보이면서 다른 사람들을 우습게 여기지만 그것은 결코 진정한 사랑이 아니다. 여기 그 이름들을 열거하지는 않겠거니와 당신이 빈 칸을 채울 수 있을 것이다.

세계 모든 종교에서 이런 위장이 발견된다. 유대인 바리사이파가 이 점에서 우리 모두를 대표한다. 예수는 하느님 사랑과 이웃 사랑을 강조하며 말씀하신다. "마음을 다하고 지혜를 다하고 힘을 다하여 하느님을 사랑하는 것과 이웃을 제 몸같이 사랑하는 것이 모든 번제물과 희생제물을 바치는 것보다 훨씬 더 낫다"(마르코 12:33). 다른 자리에서 예수는 예언자 호세아를 인용하여 말씀하신다. "너희는 가서 '내가 바라는 것은 동물을 잡아 바치는 제사가 아니라 이웃에게 베푸는 자선이다.' 하신 말씀이 무슨 뜻인가를 배워라"(마태오 9:13). 그가 호세아를 인용한 것은 자칭 의인들, 당신과 당신 제자들을 '희생적'이지 않다고 비판하는 자칭 거룩한 자들을 반박하기 위한 것으로 보인다.

"열두 단계"의 탁월한 특징

"열두 단계"의 탁월한 특징은 그것이 도덕적으로 가치 있는 게임 또는 영웅적 의지의 실현인 양 보이는 것들을 기리거나 그 가치를 인정하지 않는 데 있다. 그것은 위장된 모조품을 알아보고 "권세와 세력의 천신들을 사로잡아 그 무장을 해제시키고 그들을 구경거리로 삼아 끌고 개선의 행진을"(골로사이 2:15) 한다. 복음의 밝은 통찰력으로 AA(익명의 알코올 중독자들)는 말한다. "어떤 종류의 쓸모도 없는 쓸모없음"이 자기네 출발점이요 그것으로 계속 나아가고 있노라고!("우리는 알코올 중독이다!") 그들을 통해서 돌연 종교는 엘리트주의를 버리고 뼈 속까지 민주화된다. 이는 예수가 창녀, 주정뱅이, 세리들한테서 확인한 것이요, "내가 약해졌을 때 오히려 나는 강하다"(2 고린토 12:10)는 바울로의 말에 담긴 의미였다. 교회가 복음의 메시지를 망각할 때 성령은 송수관과 공기구멍을 통해 슬금슬금 새어나간다. 그 동안 알코올 중독자 회복 프로그램은 훌륭한 배관공사로 여러 곰팡이 난 교회들에 신선한 공기를 불어넣었다.

거짓 희생은 참된 자기 부정을 기피하는 하나의 방편이다. 예수는 예루살렘 성전을 예로 들어 그것을 보여주었다. 그에게 성전은 희생을 강조하는 종교의 모델이었고, 그래서 격한 몸짓으로 희생제물인 비둘기와 양들을 풀어주며 하느님의 집을 강도의 소굴로 만들지 말라고 외친 것이다. 예수는 성전 금고에 많은 돈을 기부하는 자들을 경멸하면서 오히려 푼돈 몇 닢 바친 과부를 칭송한다. 프랑스 철학자 르네 지라르가 확신을 가지고 말하듯이, 예수는 희생 종교의 마지막을 선포하러 세상에 오신 분이다! 그분은 "당신 자신을 속죄 제물로 바치심으로써 이 일을 한 번에 다 이루셨다"(히브리서 7:27). 그리고 "나중 것을 세우기 위하여 먼저 것을 폐기하셨다"(히브리서 10:10). 일단 이 사건의 자초지종이 눈에 들어오면 당신이 남은 세월 그것을 외면하면서 살기가 어려울 것이다.

기계적 전례(典禮)나 돈으로 돌아가는 종교에 맞서 저항하는 예수의 태도에서 희생 종교의 모든 탈이 벗겨졌다. 하지만 우리는 곧장 많은 가톨릭, 정교회, 개신교들을 통하여 이전으로 돌아갔다. 낡은 에고는 언제나 무조건 사랑의 '은총'보다 "공적과 희생"을 더 좋아하게 마련이기 때문이다. 이 점에서 우리는 실로 속수무책이다. 공적과 희생은 우리를 값진 영웅으로 만들고, 은총은 우리를 바울로가 말하는 "그리스도의 바보"(1 고린토 1:18-31)로 만든다.

"우리가 하느님으로 알고 있는 하느님"에게 우리 의지와 삶을 돌려드리지 못하는 것은 하나도 이상한 일이 아니다. 그동안 하느님의 사랑을 무엇에 대한 "보상"(quid pro quo)으로, "등가교환"(tit for tat)으로 이해했기 때문이다. 영적 순례를 애써 결승점에 도달해야 하는 경주(競走)로 인식하는 한, 우리 가운데 어느 누구도 앞으로 나아가지 못할 것이다. 한 걸음이라도 나아간 사람이 있다면, 그는 자기를 쪼개고 자기 에고를 부인함으로써 그랬던 것이다.

"우리가 하느님으로 알고 있는 하느님"

우리는 "사랑과 용서와 자비의 지고지선하신 하느님"을 삶 속에서 만나려 애쓰는 대신, 누구의 하느님이 더 높고 좋은가에 대한 쓸데없는 논쟁으로 아까운 세월을 낭비하였다. AA가 이 불필요한 논쟁의 장애를 훌륭히 넘을 수 있었던 것은 중독만큼이나 자비가 절실히 필요한 사람이면 틀림없이 자비로우신 하느님을 만나야 한다는 생각으로 "우리가 하느님으로 알고 있는 하느님"을 말했기 때문이다. 그들이 만일 더 높은 데서 치유하는 힘(Higher healing Power)을 만나지 못한다면 치유의 전체과정이 중간에서 쓰라림으로 끝나고 말 것이다. 자비를 입은 사람만이 자비를 베풀 수 있기 때문이다(루가 6:36-38). 우리에게 필요한 용서의 폭포 아래 있을 때 비로소 우리는 끝없이 남을 용서하며 살 수 있다. 순간마다 느껴지는 감사로만 우리는 앙심을 품게 하는 온갖 유혹으로부터 벗어날 수 있다.

당신은 사랑과 자비의 하느님 아닌 그 어떤 하느님에게도 당신의 의지와 삶을 돌려드릴 수 없을 것이다. 왜, 무엇 때문에 굳이 그러겠는가? 하지만 지금 당신은 안다. 왜 그러지 않는단 말인가? 지금 당신을 부추기는 것은 희생이 아니다. 희생에 종종 따라오는 후회도 아니다.

프리드리히 니체는 자기가 많은 그리스도인들에게 유감인 것은 끊임없이 이어지는 그들의 '유감'(resentment)이라고 말했다. 그것은 (1) 희생을 요구하는 하느님에 대한 유감, (2) 자기들의 희생을 평가해주지 않고, (3) 자기네만큼 희생하지 않는 자들에 대한 유감, (4) 조금도 자기를 희생시키지 않는 자들에 대한 유감이다. 수많은 종교인들한테서 우리는 이 수동적이며 공격적인 발자취를 본다. 하지만 전부가 그렇지는 않다, 고마우신 하느님!

우리가 아무 값없이 용납되었음을 철저하게 용납한다면, 그렇다면 우리는 참으로 달콤한 굴복(sweet surrender)의 은총을 입은 것이다! 그렇지 않고서는 은총이 전혀 은총이 아니다(로마 11: 6). 프란체스코 성인의 말씀대로, 마음이 깨끗할 때 "사랑은 오직 사랑한테만 반응하고," 의무, 책임, 요구나 영웅적인 그 무엇에는 반응하지 않는다. 사랑과 자비만이 건너편에 있음을 알 때 달콤한 굴복은 훨씬 쉬워진다.

제4장

좋은 등불

우리 자신의 도덕적 재고(在庫)를 조사 정리하였다. ― 4단계

당신은 제물을 즐기지 아니하시며
번제를 드려도 받지 아니하십니다.
하느님, 내 제물은 찢어진 마음뿐,
찢어지고 터진 마음을 당신께서 얕보지 아니하시니
―시편 51:16-17

여러분은 마음속에 고약한 시기심과 이기적인 야심을 품고 있으니 공연히 잘난 체하지 마십시오. 진리를 거슬러 거짓말을 해서는 안 되겠습니다. ― 야고보 3:14

유혹에 빠지지 않도록 깨어 기도하라. 마음은 간절하나 몸이 말을 듣지 않는구나. ― 마태오 26:41

도덕적 수준이 높은 가정이나 엄한 종교적 분위기에서 자란 사람은 흔히 '4단계'에서 몸을 사린다. 자기를 심판하는, 또한 남들을 심판하는 일에 너무 지쳐서 "도덕적 재고를 조사 정리하는" 데 처음부터 거부감을 느끼게 되는 것이다. 어쩌면 지난날의 끊임없는 자기반성이 효과를 거두지 못했을 뿐만 아니라 오히려 자신에게 더욱 몰입하도록, 그것도 좋지 않은 방향으로 작용했을 것이다. "분석은 마비"(analysis is paralysis)라는 말이 그래서 많은 사람에게 참말인 것이다.

실제로 나는 시끄러운 자기비판의 목소리를 잠재우려고 중독이 된 사람들을 알고 있다. 자기를 비판하는 게 싫어서 달리 자기를 증오할 짓을 찾은 것이다.[1] 얼마나 고약한 악순환인가! 하지만 이것은 솔직히 말하여 우리 주변에서 흔히 볼 수 있는 현상이다. 요구사항이 많은 부모, 단단하게 굳어진 문화, 손가락질하는 교회의 엄한 목소리는 부모가 죽은 후에도, 다른 나라로 이민을 가고 교회를 떠난 뒤에도 계속 우리 안에 남아 있다. 지금은 우리 자신이 우리의 문제다. 실은 도덕적 재고조사가 그래서 가치 있는 것이다. 도덕적 재고조사는 내가 얼마나 선한지 또는 악한지를 검사하고 더 높은 도덕적 기반에 올라서기 위한 게 아니다. 도덕적 재고조사는 모든 영적 깨어남의 중심에 있는 정직한 "그림자와의 복싱"(shadow boxing, 자신의 어두운 그림자를 정직하게 인정하기 위한 싸움 - 역자주)을 시작하는 것이다. 그렇다, 예수가 말한 대로 "진실이 그대를 자유롭게 할 것이다"(요한 8:

---

[1] "Discharging Your Loyal Soldier," CAC webcast 2010, cacradicalgrace.org.

32). 그러나 그러려면 먼저 진실이 그대를 비참하게 만들곤 한다. 중세기 영성 저술가들은 그것을 '뉘우침'(compunction)이라고 불렀다. 자기의 잘못과 나약함을 바로 보는 데서 오는 슬픔과 겸손이 그것이다. "더 크신 사랑"(Greater Love)을 경험하지 않고서는 우리 가운데 누구도 자기 내면으로 들어가 거기 있는 재고품들을 정직하게 조사할 엄두조차 내지 못할 것이다. 아니, 그래서도 안 된다. 그랬을 경우의 어수룩한 자기 탐색(2 디모테오 3:6)으로는 양심이나 영적 각성에 아무 도움도 주지 못한다.

자기 안에 있는 갈등, 부조리, 혼동, 모순 따위와 마음먹고 씨름할 때, 성경이 전통적으로 '죄'라 부르는 것과 싸울 때, 그때 비로소 사람은 더 깊은 의식으로 들어가게 된다. 아담과 하와에서 비롯하여 인류를 통해 내려온 불가피한 '범죄'(transgression)가 있는 것 같다. 바울로는 로마교회에 보낸 서신에, "법이 생겨서 범죄가 늘어났다."고 말한다. 그런 다음, "죄가 많이 저질러지는 곳에 은총도 풍성하다."(로마 5:20-21)고 덧붙인다. 하느님이 공백을 마련하시는데, 그것을 채울 수 있는 이가 당신 한 분뿐임을 스스로 아신다. 리지외의 테레사 성인은 그것을 자신의 "못난 길"이라 불렀거니와, 그것은 복음 자체 이외에 아무것도 아니다. "못난 사람 있느냐? 누구든지 내게로 오게 하라!"(잠언 9:4). 이 한 마디가 그의 주문(呪文)이었고 그의 메시지였다.

달리 말하여, 우리의 목표는 모든 죄를 완벽하게 피하는 것이 아니다. 그건 불가능이다(요한 1서 1:8). 하지만 죄와 더불어 싸우는 것과 그 과정에서 얻는 지혜는 우리의 목표이다. 율법과 율법을 지킬 수 없음이 우리를 절망으로 몰아간다. 그리고 그 절망은 다시 투쟁을 유발하고 마침내 아무도 예상치 못한 이상한 승리로 우리를 인도한다. 그것은 완벽한 도덕적 승리도 아니고 도덕적으로 고상해지는 것도 아니다. 환하게 깨어 있기와 거기에서 오는 세상을 향한 열정이다. 그것이 우리의 진정한 도덕적 승리로 된다. 알코올 중독에서 벗어난 지 30년 세월이 흘렀어도, 그들은 여전히 불완전하고 여전히 중독자들이다. 자기네가 잘 안다. 그리고 그 사실이 모든 것을 달라지게 한다. 그래서 바울로는 담대하게 말한다. "하느님께서는 모든 사람을 불순종에 사로잡힌 자가 되게 하셨습니다. 그러나 결국은 그 모두에게 자비를 베푸셨습니다"(로마 11:32). 그것은 양쪽 다 지는(no-win) 게임이 아니라 져서 이기는(lose-win) 게임 또는 양쪽 다 이기는(win-win) 게임과 같다. 양쪽으로 얽매임이 아니라 양쪽으로 풀어짐이다. 사람들이 그것을 "복된 소식"이라 부른 것은 하나도 이상한 일이 아니다. 하느님은 우리 모두를 특별한 은혜의 함정에 빠뜨리셨고, 끊임없이 자비를 입어야 살 수 있도록 거기에 가두어놓으셨다.

그러므로 "도덕적 재고조사"로 이루어지는 그림자와의 복싱은 잘못한 자기를 벌주기 위한 것이 아니다. 자기를 완전하게 정복하기 위한 것도 아니다. 스스로 더욱 진실해지고 겸손해지고 너그러워지기 위한 것이다. 자기 죄와 허물을 밝히고 목록을 작성하는 것은 사람들이 생각하는 것만큼 좋은 결과를 우리에게 가져다주지 않는다. 내가 몸담고 자란 프란치스칸 수도회의 수

런장은 젊은 우리에게 자주 말했다. "남들이 우리를 사랑하기 쉽게 만들어야 한다." 그것은 나에게 꼭 필요한 충고였다! 빈 구석이 많고 자기 단점들을 순순히 인정하는 사람은 가까이 하면서 사랑하기가 확실히 쉽다. 완벽주의자 곁에 자진해서 있고 싶어 하는 사람은 아무도 없다. 우리는 자기 잘못과 한계를 솔직히 시인하는 사람들을 원하고 그들과 함께 성숙하기를 바란다.

반드시 필요한 그림자와의 복싱

이 점에서 사람은 분명히 "하느님의 형상으로, 하느님 닮은 꼴로 창조되었다."(창세 1:26)고 나는 생각한다. 왜냐하면 인간의 정직과 겸손이야말로 하느님이 바라시는 것이기 때문이다. 정직과 겸손의 틀 말고는 예수의 둘째 아들 이야기(루가 15:11-32)나 세리와 바리사이 이야기(루가 18:9-14)를 이해할 방법이 없다. 두 이야기에서 똑같이 잘못한 자가 옳다고 판정을 받는데, 그 유일한 이유는 정직했기 때문이다. 우리가 어째서 이 중요한 포인트를 보지 못하는 걸까? 내 생각에 그것은 우리의 에고가 저 자신을 괜찮게 보고 그 어떤 그림자와의 복싱도 시도하지 않기 때문이다. 완전한 빛이나 완전한 어둠 속에서는 우리 눈이 아무것도 보지 못한다. 그러나 "어둠이 빛을 이겨본 적이 없다"(요한 1:5). 어둠 속에서 우리는 빛을 보고 더 많은 빛을 동경한다.

당신의 그림자 자아(shadow self)는 악한 자아가 아니다. 그

저 당신이 보고 싶지 않고 받아들이기 힘든 당신의 부분일 따름이다. 그 작은 그림자가 우리로 하여금 악하고 잔인한 짓을, 그게 얼마나 악하고 잔인한 짓인지도 모른 채 저지르도록 부추긴다. 우리 모두 그런 어둠의 그림자를 지니고 있다. 그래서 부인하고 싶은 자아를 상대로 그림자와의 복싱을 계속할 필요가 반드시 있는 것이다. 우리 모두 스스로 볼 수 없고 보고 싶지도 않고 차마 볼 용기도 없는 그런 것들을 지니고 있다. 그것들이 우리의 공적 자아상(self-image)과 사적 자아상을 무너뜨릴 수도 있다.

나쁘든 좋든, 자기가 택한 것이든 남들이 만들어준 것이든, 아무튼지 간에 당신이 쓰고 있는 '페르조나'(persona, 배우들이 쓰는 가면처럼, 집단이 개인에게 요구하는 본분과 역할 - 역자주)에 집착하면 할수록 그만큼 그림자 자아를 당신은 많이 지니게 될 것이다. 그런즉 우리는 힘든 인간관계, 갈등, 도덕적 실수, 큰소리치다가 당하는 망신, 심지어 원수처럼 생각되는 사람과의 동거 따위가 절대로 필요하다. 그렇지 않고서는, 우리의 그림자 자아를 발견하거나 추적할 길이 없다. 그것들은 우리 모습을 비춰주는 거울이다. 참으로 경이로운 물건 아닌가? 그것들 앞에 바로 설 때 우리는 제 눈에 박힌 들보를 뽑아내어 뜻밖의 깨달음을 얻고 참된 해방을 누리게 된다.

예수는 오늘의 심층심리학과 AA의 '4단계'에서 언급하는 내용을 이미 이천 년 전에 말씀하셨다. "어찌하여 너는 형제의 눈 속에 있는 티는 보면서 제 눈 속에 들어 있는 들보는 깨닫지 못하느냐? 제 눈 속에 있는 들보도 보지 못하면서 어떻게 형제에게 '네 눈의 티를 **빼내어주겠다.**'고 하겠느냐? 이 위선자야! 먼저 네 눈에서 들보를 **빼내어라.** 그래야 눈이 잘 보여 형제의 눈에서 티를 뺄 수 있지 않겠느냐?"(마태오 7:3-5).

'4단계'는 우리로 하여금 자기 들보를 먼저 보게 한다. 그리하여 남들을 비난하고 책망하고 부정하는 짓을 그치게 하여 마침내 문제를 제거한다. 그것은 사물과 상황을 성실하게 그리고 온전히 **보게** 해준다. 우리는 예수가, 질 낮은 교사들이 흔히 보여주듯이 도덕적 선행을 칭찬하거나 패륜행위를 비판하는 대신, "눈에 들어 있는 무엇"을 언급하고 있음에 주목할 필요가 있다. 누구든지 제대로 **보기만** 하면, 그 행동이 따라서 반듯해진다는 사실을 그분은 알고 있었다. 일단 눈이 밝아지면 게임은 끝난 것이다. 악이란 선하고 필요하고 도움 되는 무엇으로 저를 위장할 때에 비로소 성공할 수 있는 것이기 때문이다. 아무도 마음먹고 악을 저지르지는 않는다. 어떤 사람이 어리석고 잔인하고 파괴적인 행동을 했다면, 그것은 그 순간 그가 **깨어 있지 못하고 정신이 나가 있었다**는 얘기다. 모든 악이 깨어 있지 못한 데서 오는 것이다.

예수는 다른 자리에서 이렇게 말씀하신다. "눈은 몸의 등불이다. 그러므로 네 눈이 성하면 온몸이 밝을 것이며 네 눈이 성하지 못하면 온몸이 어두울 것이다. 그러니 만일 네 안에 있는 등불이 빛이 아니라 어둠이라면 그 어둠이 얼마나 심하겠느냐?"(마태오 6:22-23). "빛을 받아 드러나면 빛의 세계에 속하게 된다"(에페소 5:14). '4단계'는 현실을 있는 그대로 비추는 좋은 등불을 우리 안에 밝히는 문제를 다룬다. 선이란 사람이 노력해서 성취하는 무엇이 아니라, "**다른 선(善)에 비추어져서 덩달아 선해지는**" 무엇이다. 우리가 자신을 스스로 끌어올리는 게 아니다. 끌어올려지는 것이다.

하느님은, 우리의 영웅적이고 이분법적인 마음이 상상하는 것처럼, 직접 악을 쳐부수지 않는다. 그분은 훨씬 지혜로우셔서 아무것도 버리지 않고 모든 것을 포용하신다. 우리의 악을 "**더 완벽한 선**"으로 바꿔놓으시는 분이 정확하게 이해된 성경의 하느님이다. 그분은 우리 죄를 이용하여 우리를 온전하게 만드신다! 우리가 저지른 허물과 잘못을 통하여 병든 무의식에서 건강한 의식으로, 잠든 상태에서 깨어난 상태와 양심으로 우리를 데려가신다. 어찌 만인을 위한 복된 소식이 아니겠는가?

제5장

자백하기와 용서받기

우리가 저지른 잘못을 사실 그대로 하느님께, 자기 자신과 남들에게 자백하였다. ― 5단계

나 아뢰지 않으려 했더니
온종일 신음 속에 뼈만 녹아나고
밤낮으로 당신 손이 나를 짓눌러
이 몸은 여름 가뭄에 풀 시들듯,
진액이 다 말라빠지고 말았습니다.
그리하여 당신께 내 죄를 고백하고
내 잘못 아니 감추어
"야훼여, 내 죄 아뢰옵니다." 하였더니.
― 시편 32:3-5

그러므로 여러분은 서로 죄를 고백하고 서로 남을 위하여 기도하십시오. 그러면 모두 온전해질 것입니다. 올바른 사

람의 간구는 큰 효과를 나타냅니다. — 야고보 5:16
누구의 죄든지 너희가 용서해주면 그들의 죄는 용서받을 것이고 용서해주지 않으면 용서받지 못한 채 남아 있을 것이다. — 요한 20:23

내가 아는 거의 모든 종교와 문화가, 이런저런 방식으로, 죄와 악은 정죄당해야 하고 또한 죄인은 이 세상에서 아니면 내세에라도 벌을 받아야 한다고 믿는다. 이는 보상과 형벌, 좋은 녀석들과 나쁜 녀석들로 이루어지는 이분법적 체제인데, 에고한테는 너무나 당연한 것이다. 나는 그것을 일반적인 "공적(功績)의 경륜"(economy of merit) 또는 "공적체제"(meritocracy)라고 부르는데, 그에 관해 잘 알고 있는 법정, 교도소, 교회들이 주로 맡아서 하고 있는 일이기도 하다.

하지만 "열두 단계"와 예수의 십자가는 죄와 실수가, 그것을 저지른 이들에게 변화와 깨달음을 가져다주는 기회임을 보여준다. 그것은 경험자들만 이해할 수 있는 "은총의 경륜"(economy of grace)이요 영안(靈眼)으로만 알아볼 수 있는 신비다.

앞의 것은 징벌하는 정의(retributive justice)에 의하여 유지되는 체제로서 인류 역사의 99퍼센트를 점령해왔다. 뒤의 것은 회복시키는 정의(restorative justice)라고 부를 수 있는데 아주 적은 소수자들로 그 명맥을 이어왔다. 하지만 십자가를 전후하여 보여주신 예수의 분명하고 혁명적인 가르침이 바로 그것이었다.

그동안 인류 역사는 그것을 알아보지 못했고 그럴 준비도 되어 있지 않았던 듯하다. 그러나 우리 시대에 이르러 바야흐로 그것을 이해하고 받아들일 준비가 진행되고 있다. 이제는 인류의 의식이 빠르게 진화되고 있음을 누구도 부인할 수 없게 되었다. 이 의식의 진화를 설명하는 여러 이론들 가운데 하나가 "나선(螺旋)역학"(Spiral Dynamics)이다. "거대한 전환"(The Great Turning), "변전"(The Shift), "정수(正數)이론"(Integral Theory), "대과업"(The Work)이라는 용어를 쓰는 사람들도 있다. 이런 모든 용어들이 인정하고 있듯이, 비록 멈추고 출발하기를 반복하고 상당한 퇴행이 있기도 하지만, 그래도 역사는 앞으로 나아가고 있음을 우리 모두 알고 있다.

훌륭한 치료사라면 누구나 말할 것이다. **당신은 당신이 인정하지 않는 것을 치료할 수 없다고**. 그리고 당신이 인정하지 않는 어떤 것이 계속 당신 안에 머물러 있으면, 그것이 당신을 통제하다가 마침내 당신과 주변 사람들을 함께 파멸시킬 것이라고 말이다. 도마복음(the Gospel of Thomas) 70절에서 예수는 말씀하신다. "네 안에 있는 것을 꺼내놓으면 그것이 너를 구원하고, 꺼내놓지 않으면 그것이 너를 파멸하리라." "열두 단계"의 '5단계'에도 이와 비슷한 치유와 회복의 기술이 언급되어 있거니와, 사실을 있는 그대로 알고 말하고 듣고 그렇게 해서 그것이 중독자와 다른 사람들을 '죽이지' 못하게 하는 것이다. 어쩌면 그것은 영적 차원에서 중독자와 주변 사람들에게 진정한 도움을 주는 최선의 '징벌'일지 모르겠다.

하느님의 사랑을 직접 만남

피차 "자기 잘못을 사실 그대로" 솔직히 "인정할 때" 우리는 양쪽 모두를 풍요롭게 하고 때로는 삶을 영원히 바꿔놓기도 하는 사람다운 '만남'을 경험한다. 그것은 더 이상 도덕적 순결을 이루거나 하느님의 사랑을 얻기 위한 노력이 아니다. 하느님의 사랑을 직접 만나는 것이다. 한 쪽을 벌하는 게 아니라 양쪽 모두를 해방하는 것이다.

보상(報償)하는 세계인 "공적의 경륜"(economy of merit)에 머물러 있는 한, 당신은 틀림없이 이를 좋아하지 않을 것이다. 오랜 세월 보상과 처벌의 논리가 우리를 지배한 데는 그럴만한 이유가 있다. 남아프리카공화국의 인종차별정책이 끝났을 때, 데스몬드 투투 주교의 "진실과 화해위원회"에서 실험된 것이 "은총의 경륜"(economy of grace)이다. 거기서는 모두가 자기 잘못에 대하여 적절하고 공적인 책임을 졌는데 벌을 주기 위해서가 아니라 오직 진실과 치유를 위한 것이었다. 실제로 그곳에서 치유는 진실을 공적으로 노출시키는(baring), 그리고 그것을 견뎌내는(bearing) 데서 이루어지는 것이었다. 그것은 인류 역사에서 볼 수 없던 혁명적 사건이지만, 사실인즉 포로기 이후에 예언자 에제키엘에게서 비롯되어 예수에게서 극적으로 실현된 완벽하게 "성경적인" 사건이다.

에제키엘은 진실을 말하고 자기 허물을 털어놓고 그렇게 해서 관계를 회복시키는 성경의 정의에 그 기반을 마련한 사람이다. 그에게 모든 것을 하나로 연결시키는 접착제는 야훼 당신에게 스스로 성실하신 야훼 자신이지, 단순히 인간의 잘못에 반응하는 야훼가 아니다.(안 그러면 하느님이 자유롭지 않다는 얘기라고, 프란체스코 철학자 존 던스 스코투스가 말했다.) 에제키엘의 하느님은 언제 어디서나 완벽한 자유를 행사하신다. 이스라엘과 맺으신 당신의 계약을, 이스라엘 쪽에서 지키거나 말거나 상관없이, 당신의 성실성에 근거하여 지키는 그런 분이시다. 이것이 철저한 은총(radical grace)의 기본 주제다. 그렇지 않은 "은총은 전혀 은총이 아니다"(로마 11:6).

야훼를 대신하여 에제키엘은 말한다. "이스라엘 족속아, 너희가 아무리 못할 짓을 하고 썩어빠진 일을 했어도 나는 내 이름에 욕이 돌아올까 봐 너희를 잘 대접해주는 것이다"(20:44). 이스라엘이 죄를 짓고 매춘부처럼 함부로 몸을 눕혀도 야훼는 더 많이 그리고 더 깊은 차원에서 이스라엘을 사랑하실 따름이다 (16:1-63). 야훼는 당신이 어떻게 이스라엘과 그들의 적인 사마리아와 소돔을 벌하실 것인지를 언급하는 자리에서 여섯 번에 걸쳐 '회복'(restore)이라는 단어를 쓰신다. 여기서 우리는 관련된 모든 사람을 아름답게 사랑하고 해방하시는 야훼를 보게 된다. 야훼가 내리는 '형벌'은, 그들을 일방으로 용서하고 사랑하며 당신의 계약을 당신 편에서 끝까지 지키는, 그렇게 해서 그들로 하여금 "부끄러워 얼굴을 들 수 없게"(16:63) 만드는 것이다.(한편 이것이 중세시대 연옥의 개념이 되었다.)

바울로가 잠언을 인용하며, 적에게 먹고 마실 것을 주어 그 머리에 숯불을 쌓아놓으라고(로마 12:20) 했을 때에도 같은 말을 했다고 나는 생각한다. 그는 바로 다음 문장에서 "악에게 굴복하지 말고 선으로써 악을 이겨내십시오"(12:21)라고 매듭짓는다. 명백한 잘못을 저지르고 나서 오히려 극진한 사랑을 받은 사람이 부끄러워 얼굴을 붉히며 당황하는 모습을 본 적 있는가? 이것이 우리가 서로 사랑할 수 없고 사랑하려 하지도 않고 또한 사랑할 엄두도 내지 못하는 바로 그 자리에서, 그럼에도 불구하고 우리를 사랑하심으로써 우리 모두를 "은총의 경륜"으로 대하시는 하느님의 방법이다.

하느님은 우리의 악을 당신의 선으로써 정복하신다. 몸소 그렇게 하지 않고서 어찌 우리에게 그러라고 하실 수 있겠는가? 하느님은 우리에게 충격을 가하여 우리를 당신의 사랑 안으로 기절시키신다. 우리가 변해서 하느님이 우리를 사랑하시는 게 아니다. 하느님이 우리를 사랑하셔서 우리가 변할 수 있는 것이다. 사랑은 다만 참된 내적 변화를 가져다줄 따름이다. 협박, 죄책감, 도피, 사회적 압력 따위와는 아무런 상관이 없다. 완벽하게 자유롭지 않은 사랑은 사랑이 아니다. 완벽하게 자유롭지 않은 은총도 은총이 아니다. 그리스도인이면 이제 알고 있을 것 같지만 아니다. 아직도 대부분 그리스도인에게 감추어진 비밀로 남아 있다.

일반적으로 통하는 에고의 패턴은 이런 방향으로 진행된다.

법죄 → 형벌 → 회개 → 변화

이 방향이 이스라엘을 향한 야훼의 무조건적 사랑을 경험한 에제키엘에 의하여 달라졌다. 그에게서 에고의 패턴이 아래와 같이 급진적으로 바뀐 것이다.

법죄 → 무조건적 사랑 → 변화 → 회개

하느님의 막무가내 사랑에 부끄러워 얼굴 붉히며 변화된 우리가 회개한 삶을 살아간다. 이렇게 은총이 곧 형벌이다.

예언자 에제키엘은 우선 거친 은유들을 통하여 너무나 불신앙에 빠져서 어떤 이유로든 사랑받을 자격이 없는 이스라엘을 보여준 다음, 그럼에도 불구하고 하느님의 일방적인 사랑으로 이스라엘의 자격이 회복됨을 보여준다! 이스라엘이 양들 대신에 제 몸만 돌보는 목자들(34장)이나 함부로 몸을 파는 매춘부들(16장), 또는 마른 뼈들이 뒹구는 들판(37장)이더라도, 야훼는 그럴수록 더 큰 사랑으로 그들에게 벌을 내리신다. "주 야훼가 하는 말이다. 죄인이라도 마음을 바로잡아 버릇을 고치고 사는 것을 나는 기뻐한다. 그러니 너희는 돌아오라. 나쁜 버릇을 고치고 돌아오라. 이스라엘 족속아, 어찌하여 너희는 죽으려고 하느냐?" (33:11). 여기서 이스라엘은 물론 전체 인류와 개별적인 영혼들을 가리키는 은유이면서 상징이다. 이것이 틀림없이 참된 패턴이라면 우리 모두에게 주어진 희망이 아닐 수 없다.

자백하는 제도로서의 고해성사

나는 AA의 '제5단계'와 교회의 고해성사를 비교하는 것으로 은총의 패턴과 공적의 패턴을 설명하고 싶다.

자기 허물에 대한 자백과 치유의 관계는 그리스도교 역사에서 불가피한 것으로 인식되어 교회 공동체에서 하나의 '성사'(sacrament)로 지켜져 왔다. 그래서 사람들에게 반드시 필요한 쓰레기 청소, 통풍, 무죄방면(無罪放免)을 감당할 누군가를 훈련시켜야 했다. 누군가 "속죄의 자리"(출애 25:17-22)에 앉아, 하느님이 용서하실 터이니 서로 대거리하지 말 것을 권위 있게 말해줘야 했다. 우리끼리 하는 심판이 하느님의 심판보다 클 순 없는 일이다. 거기가 심판하는 법정이 아니라 참된 자비로 속죄하는 자리일 때 사람들은 극적으로 바뀔 수 있다. 그런데, **용서 자체를 의심하고 저항하고 부인하려는 우리의 성향** 때문에, 누군가 권위 있는 자리에 앉아 "하느님의 이름으로, 성령의 권위로 네 죄가 용서받았음을 선언하노라."고 말해줄 사람이 필요했다. 눈에 보이지 않는 하느님의 신성한 눈길을 비쳐줄 인간 거울이, 특히 우리의 머리와 가슴이 부끄러움으로 고개 숙일 수밖에 없을 때, 필요했던 것이다.

공식적인 고해성사는 자백한 내용의 비밀과 익명성이 보장되는 엄격한 규칙에 의하여 이루어지고, 그래서 고해자는 안심을 한다. 나는 고해하는 자와 고해 받는 신부 양쪽에서 그것을 보아왔고 따라서 고해소가 양쪽 모두에게 강력한 힘을 행사하는 영적 공간인 줄을 잘 안다. 심리치료사들도 5분 정도의 상담으로 그런 신뢰관계를 만들 수 있다고 말한다. 건강한 인간관계의 힘은 짧은 시간에 많은 치료효과를 보게 한다. 반면, 어느 신부가 아무런 자비심 없이 고해소에 앉아 있을 때에는 그만큼 큰 상처를 입힐 수도 있다. 여기에 영적 권위의 특별한 능력이 있고, 그것은 인생의 전환기에 절실히 필요한 것이다. 고해성사에 참여하는 신도는 진정 복된 사람들이다!

문제는 예수가 당신 백성에게 주신, 죄를 자백하고 용서받는 "고해의 선물"을 우리가 제대로 이해하지 못했다는 점이다. 이는 대부분 가톨릭의 성경에 대한 무지에서 온 것 같다. 앞머리에 인용한 복음서 구절은 흔히 죄를 용서하는 사제의 권한을 보증하는 말씀으로 알려져 있지만, 예수는 "열두 제자"로 지칭된 소수 그룹이 아니라 그냥 "제자들"인 다수 그룹에게 이 말씀을 주셨다. 달리 말하면, 예수가 본디 전체 공동체에 이 선물을 주셨는데 나중에 특별한 영적 권위를 지닌 이들에게만 그 역할이 전속되었다는 얘기다.

실제로 고해성사의 역사를 공부해보면, 그리스도교 초기에는 그것이 특별한 날에 시행되는 공적인 행사였고 주교는 전체 공동체에 그들의 자백과 하느님의 용서를 선포할 권한이 있었음을 알 수 있다. 그것을 "일반 참회"(General Confession)라고 부를 수 있겠는데, 한때 당연한 규범이던 것이 지금은 금지된 것이다. 이처럼 처음에 주교의 역할이었던 것을 자기들 몫으로 가져온 것은 로마에 반기를 든 켈트 수도자들이었다. 사람은 언제 어디서나 일 대 일로(one-on-one) 만날 필요가 있기 때문이다.[1]

보통 사람들은 매우 부끄럽고 의심이 들 때 '아남카라'(*anamchara*), 또는 "영혼의 친구"를 필요로 한다. 한때 아일랜드에서 온 위험하고 변덕스런 유행으로 비난했던 것이 1563년에 끝난 트렌트 공의회에서 죄를 용서받는 유일한 방식으로 채택되었다. 그리하여 자기가 무슨 죄를 지었는지, 그것을 혼자서 지었는지 아니면 다른 사람들과 같이 지었는지를 은밀히 고백하도록 요구받게 된 것이다. 그 뒤로 오백 년에 걸쳐 가톨릭의 정식 규범으로 굳어졌다. 덕분에 우리는 죄를 "묶고 풀어주는" 능력(마태 18:18)을 전체 대중이 아니라 소수 사람들의 것으로 제한시켰다. 아마도 그것은 당시 사람들의 의식수준, 즉 마술적(magical) 단계를 반영한 것이었으리라. 오늘날 우리의 의식수준은 관계적(relational)이며 상호적 단계이다.

그러는 동안 치유하고 용서하는 공동체가 실종되었다. 어떻게든 서로 상처를 주고받게 마련인 곳이 공동체다. 그런데 그것이 지금은 개인의 죄를 수직적으로 자백하고 용서받는 일로 말미암아 간과된 것이다. 이제 죄의 고백이 화장용으로 몸매를 다듬는 정도의 자질구레한 장식품처럼 되어버렸다. 특별히 큰 죄를 지은 사람들은 예외겠지만 어쨌거나 그들이 고해소로 가는 경우는 매우 드물다. 공식적인 가톨릭 고해소를 찾는 사람들의 죄만 하느님이 용서하신다면, 인류가 지은 죄의 99.999%는 용

---

1) Joseph Martos, *Doors to the Sacred* (Norwich, U.K.: SCM, 1981), pp.307ff.

서받지 못한 채 그대로 남아 있다고 말해도 과언이 아닐 것이다. 그럴 수는 없는 일이다. 하지만 오늘날 가톨릭의 고해성사가 개인의 경건한 신앙생활로 바뀌어, 인류의 의식수준을 높이거나 사회를 성숙시키는 데 기여하는 바가 거의 없음은 엄연한 현실이다.

신자들이 몇 가지 '뜨끔한'(hot) 죄와 별로 죄책감을 안겨주지도 않는 시시한 죄 목록을 늘어놓는 사이에, 공동선을 해치고 가정과 이웃과 생태계와 미래 세대를 해치는 사회적 범죄가 통째로 잊혀졌다. 고해소에서 자백되는 죄의 거지반이 "주일 미사에 빠졌다."는 것이다. 오늘 우리에게 고해성사는 주일 밤에 하는 샤워처럼 여겨진다. 그것으로 신앙의 성숙보다 신앙의 순결을 얻고자 하는 것이다. 교회는 우리에게 **규법대로** 고백하고 **규법을 좇아서** 용서받으라고 권한다. 그러는 동안 수많은 가톨릭 신자들이, 믿지 않는 사람들과 다를 바 없이, 탐욕을 부리고 물질을 위주로 살고 적을 미워하고 불성실하고 전쟁을 좋아하면서 살아간다.

그것으로는 공동체나 가정에서 강력한 동지 관계를 이루지 못한다. 그런데 AA는 '5단계'에서 그것을 이룬다. 날마다 죄를 인정하고 용서를 구하고 그러면서 필요한 변명거리를 찾아다니는 짓을 더 이상 하지 않는 것이다. 일 대 일로 마주 앉아 죄를 자백하고 용서받는 것은 물론 좋은 일이고 도움도 되는 일이다. 그러나 그것이 현실에서 사람들의 인간관계를 치유하고 회복시키는 데는 분명한 한계가 있다.

'5단계'는 이 한계를 정직하고 실천적인 방식으로 극복하고자 노력했다. 하느님과 자기 자신과 최소한 다른 한 사람, 이런 세 대상한테 죄를 자백하도록 한 것이다. 그렇게 하여 자백과 용서의 신비를, 예수가 처음 제시한 자리인 동지의 고백과 동지의 권고(peer confession and peer counseling)로 돌려놓았다. 하지만 '5단계'는 그 누구도 쉽게 빠져나가도록 허용하지는 않는다. 그 대신 "우리가 저지른 잘못의 본질"을 정확하게 서로 나눌 것을 강조한다. 그리하여 동지들 간에 쌍방의 책임을 인정하면서 동시에 자기 실수와 허물을 스스로 책임지게 한 것이다.

인간관계, 자기 정체성, 하느님과의 교제를 회복함

'5단계'는 가톨릭의 고해성사가 흔히 둔갑하는 "징벌하는 정의"에서부터 훨씬 복음적인 "회복시키는 정의"로 돌아가 인간관계, 자기에 대한 정직성, 하느님과의 교제를 되찾게 해준다. 교회 고해소에서 듣게 되는 "보속으로 주님의 기도와 성모송을 다섯 번 바치라"는 말은 그동안 치유하는 용서와 값없이 받는 은총을 깊이 경험하기보다 잘못했으면 값을 치른다는 사법적 거래(juridical exchange)를 존속시켜왔다. 누구도 법정에서 통하는 방식으로 영의 문제를 풀 수는 없는 일이다. 그런 방식으로는 우리의 목적을 이룰 수 없고 깊은 차원에서는 그것이 통하지 않는다. 스스로 복음서의 가르침을 따른다는 우리가 자신의 독특한 직책을 망각하고 세속 법정을 모방해왔다. 이스라엘을 회복시키신 야훼께서 앉으셨던 "속죄의 자리" 대신에 세속 재판장의 높은 의자에 앉은 것이다.

사람에게 필요한 것은 정직한 진실규명과 진정한 뉘우침 그리고 일어난 일에 대하여 책임을 지는 것이다. 그때에만 사람은 위엄을 잃지 않고서 앞으로 나아갈 수 있다. 바야흐로 이 "회복시키는 정의"가 세계 도처의 교도소와 협상 테이블에서 실험되고 있거니와, 장차 우리의 정의 개념을 바꾸어 하느님의 신성한 정의로 가까이 다가가게 할 조짐이 보인다. 이 일에 교회가 앞장섰으면 하는 게 우리의 희망이다. 그리고 사실 그것은 1989년 이 문제를 다룬 뉴질랜드 가톨릭 주교회의가 "보복이냐, 화해냐"(Revenge or Reconciliation)라는 제목으로 발표한 파격적인 문서에서 그 가능성이 엿보이기도 했다.

하지만 아직은 미국의 일부 주교들이 사람들을 좌로 우로, 거지반은 좌로 파문하면서, 그렇게 해야 가공할 "자유주의 가톨릭"을 변화시킬 수 있으리라고 생각하는 게 현실이다. 그러나 위협과 형벌은 사회의 변화나 지속적인 개선에 별로 효율적이지 못하다는 점이 연구결과로 입증되었다. 그것들이 힘으로 작용하는 건 사실이다. 그러나 결코 효율적이진 못하다. 물어야 할 질문은 이것이다. 과연 우리는 사람들이 성장하기를 진정으로 바라는가? 아니면 순간순간 그들을 통제할 수 있기를 바랄 따름인가? 지금 나는 가톨릭의 주교나 사제들만 염두에 두고 말하는 게 아니다. 부모들이나 사회의 지도층도 마찬가지다.

오직 쌍방의 사죄(謝罪), 용서 그리고 치유만이 인류의 미래를 지탱시킬 수 있다. 그것들이 아니면 개인이든 집단이든 과거의 지배와 통제 아래 묶여 있어야 한다. 우리 모두 잘못을 인정하고 사죄할 필요가 있다. 우리 모두 용서하고 용서받을 필요가 있다. 아니면 함께 자멸의 길을 갈 것이다. 예수의 가르침 가운데 3분지 2가 '용서'에 직간접으로 연관되었다는 사실은 놀랄 일이 아니다. 용서가 없다면 우리 역사는 편 가르기, 뿌리 깊은 증오, 과거 상처에 대한 기억 따위로 얼룩지고 그것들에 따라오지 않을 수 없는 폭력으로 난장판이 될 것이다. 누군가 말했다, "용서는 우리의 과거가 달랐기를, 또는 좀 더 나았기를 바라는 우리 마음을 비우는 것이다." 있는 건 있는 거다(It is what it is). 그것을 있는 그대로 받아들임이, 거기에서 사죄와 치유가 이루어지는 동안, 우리를 더 큰 자유로 데려간다.

진정한 사죄와 용서 없이는 어떤 새로운 역사도 일어나지 않는다. 그것이 모든 시대 모든 상황에서의 갱생(regeneration)을 위한 하느님의 신성한 테크놀로지다. "묶임에서 풀려난" 사람들이 나머지 세상의 묶인 사람들을 풀어줄 준비가 가장 잘 되어 있는 것이다.

제6장

닭과 달걀, 누가 먼저인가?

이 모든 성품의 결함들을 하느님이 치워주시도록 만반의 준비를 갖추었다. ― 6단계

이것을 마음에 새기며 두고두고 기다리겠습니다.
주 야훼의 사랑 다함이 없고
그 자비 가실 줄을 몰라라.
그 사랑, 그 자비 아침마다 새롭고
그 신실하심 그지없어라. ― 애가 3:21-23

나는 이 희망을 이미 이루었다는 것도 아니고 또 이미 완전한 사람이 되었다는 것도 아닙니다. 다만 나는 그것을 붙들려고 달음질칠 뿐입니다. 그리스도 예수께서 나를 붙드신 목적이 바로 이것입니다. ― 필립비 3:12

하느님의 선택을 받고 안 받는 것은 인간의 의지나 노력에

달려 있는 것이 아니라 오직 하느님의 자비에 달려 있는 것입니다. — 로마 9:16

"그렇게 해주마. 깨끗하게 되어라." — 루가 5:13

'6단계'와 어울리는 성경구절을 찾는 건 어려운 일이 아니다. 비록 그대로 실천하는 것이 보통 일은 아니지만, '6단계' 전체 내용이 성서적이기 때문이다. 그것은 닭이 먼저냐 달걀이 먼저냐를 묻는 오랜 역설을 안고 씨름—그리고 해결—한다. '6단계'는 우리가 먼저 자신의 많은 저항, 변명, 방해를 알아차리기 위해 노력해야 한다고, 그러나 한편 하느님만이 그것들을 "치워버릴" 수 있음을 알아야 한다고 말한다. 그런데 어느 것이 먼저인가? 은총을 받는 것인가? 책임을 지는 것인가? 답은, '둘 **모두**'가 함께 먼저다.

우리가 할 수 있는 일은 그 길에서 벗어나 영혼으로 하여금 제 코스를 가게 하는 것이 전부다. 은총은 처음부터 창조 안에 들어 있다(창세 1:2)! 하지만 그 길에서 벗어나 은총이 제대로 실현되어 우리를 해방하게 하려면 많은 노력을 기울여야 한다. 딜레마는 이어진다. 닭이 달걀을 낳는가? 아니면 달걀이 닭을 낳는가? 하느님이 우리를 만드시는가? 아니면 우리가 노력해서 하느님을 만드는가? 당신 생각은 어느 쪽으로 기우는가? 이 질문은 그동안 신학과 영성문학 안에서 끊임없이 긴장을 유지해왔다.

하지만 대개는 쓸모없는 언어놀음이었다.

위의 근사한 역설은 오래된 격언 한 마디로 요약된다. "아무도 달음박질로 나귀를 잡지 못한다. 하지만, 달리는 자만이 나귀를 잡을 수 있다." 교황 레오 10세와 마르틴 루터가 이 격언을 깊이 묵상했다면, 프로테스탄트 종교개혁으로 인한 격렬한 대결을 피할 수 있었을지도 모른다. 교황은 우리가 달음박질하면서 바울로의 말대로 "두렵고 떨리는 마음으로 자신의 구원을 위해 힘써야"(필립 2:12) 한다고 강조했다. 루터는 같은 바울로의 가르침(로마 9:11-12; 11:6)을 인용하며 누구든지 값없이 주어진 은총을 믿으면 달음박질할 필요가 없다고 주장했다. 루터도 옳았고 교황도 옳았다. 동시에 둘 다 잘못 알았다. 그러고서 상대를 가장자리로 내몰았다. 그 뒤에 이루어진 가톨릭과 루터란 사이의 대화에서 이를 인정하였다. 오늘날 비(非)이분법적 사고방식이 꽤 널리 받아들여지고 있긴 하지만, 당시는 물론이며 오늘날도 대부분 그리스도인은 AA가 "전부 아니면 전무"(all or nothing)라고 부르는 이분법적 사고방식에 빠져 있는 게 사실이다.

거의 모든 영성이 역설적 성격을 지닌다. 논리적이고 이분법적인 생각의 틀에 갇힌 사람들이 영성의 내용을 파악하기는 고사하고 오히려 그것을 틀렸다고, 이단이라고, 어리석다고 말하는 이유가 여기 있다. G. K. 체스터톤은 역설이 우리 눈길을 끄는 진실 자체라고 말한다. 그리스도인들은 그게 뭔지도 잘 모르면서 많은 역설들을 고백한다. 즉 예수는 완전한 인성(人性)이면서 동시에 완전한 신성(神性)이다. 하느님은 한 분이면서 동시에 세 분이다. 마리아는 처녀이면서 동시에 어머니다. 영성체할 때의 면병은 밀가루 빵이면서 동시에 예수다. 교회는 신자들에게 이런 교리를 주면서 믿으라고 했지만 바로 그 믿음을 실천에 옮길 적당한 매뉴얼을 주지는 않았다. 그 결과, 수많은 무신론자들과 한때 그리스도교 신자였던 사람들을 양산해냈다.

'6단계'는 다시 한 번 역설적으로 말한다. 자기 자신한테 "성품의 결함들"이 있음을 스스로 알고 인정해야 한다면서, 동시에 한 발 뒤로 물러나 "**하느님이 당신 일을 하실 수 있도록 우리가 완전히 준비를 갖추기까지**" 아무 일도 하지 말아야 한다는 것이다. 이것이야말로 높은 수준의 영성이 어떤 것인지를 보여준다. 보수적 가톨릭 신자라면 자기 성품의 결함들을 알고 고쳐보고자 노력하고, 전통적 루터교회 신자라면 한 발 뒤로 물러나 은총을 기다리겠지만, 둘 다 옳고 둘 다 그르다고 '6단계'는 말한다.

우리 모두 "하느님을 겪어보아야" 한다고 나는 말하고 싶다. 그렇다, 하느님은 순수하고 값없이 주어지는 선물이다. 하지만 그 선물을 받으려면 그분과의 "획기적 만남"을 **몸소 경험해야 한다**. 영어를 쓰는 사람들이 자주 말하듯이, 무엇을 이해하는(to understand) 것은 그 아래에 서서(to stand under) 그것이 당신을 밟고 가게 하는 것이다. 값없는 선물을 받기 위하여 지금까지의 통제를 포기하고 새로운 '통제'를 발견하는 것이다. 실제로 해보면, 당신도 이 역설을 믿게 되리라.

그 만남의 연결점은, 찍고 싶은 장면을 찍기 위하여 몇 날 며칠을 끈질기게 기다려야 했던 사진작가 안셀 애덤스의 다음

한 마디 말로 훌륭히 묘사된다. "기회는 준비된 마음을 좋아한다." 탁월한 재능을 지닌 사람들은 이 말이 진실임을 안다. 겉으로 보기에 그들은 천재처럼 보인다. 대다수가 실제로 천재들이다. 그러나 그들의 신성한 광기(狂氣)를 밑에서 받쳐주는 나름의 방법이 있다. 그들은 헝가리 심리학자 미할리 크식젠트미하일리가 '유출'(flow)이라고 부른 것[1]을 기대하며 오래 기다릴 줄 안다. 하느님의 성령을 가리키는 성서의 은유들이 생수(生水), 불어오는 바람, 타오르는 불꽃, 내려오는 비둘기 등 '흐름'(flow)에 닿아 있음은 놀랄 일이 아니다.

따라서 기회를 기다리고 준비하며 온유한 마음을 유지하기, 기대와 소망을 깊이 간직하기, 언제든 모든 것을 놓아버릴 준비가 되어 있기, 스스로 바뀌고 싶지 않다는 사실을 인정하면서도 언제든지 기꺼이 변화될 자세를 갖추기, 이런 모든 '기다림'의 과정은 "두려워 떨면서" 보내는 몇 주, 몇 달 혹은 몇 년에 걸쳐 이루어지는 것이다. 그 교황이 옳았다. 비록 몸소 언제나 그렇게 하지는 않았지만!

복음서들의 탁월한 통찰

그러나 그 일이 결국 "나에게서 이루어져야" 한다고 보는 것이 복음서들의 탁월한 통찰이다. 그것을 '6단계'가 실천적으로

---

[1] Mihaly Csikszentmihalyi, *Flow: The Psychology of Optimal Experience* (New York: Harper, 1990).

가르친다. 마리아가 인생 여정을 출발하면서 드린 기도(루가 1: 38), 예수가 마지막 순간을 앞두고 드린 기도(루가 23:46)가 바로 그것이었다. "내게서 이루어지소서!"

루터가 옳았다. 비록 몸소 언제나 그렇게 하지는 않았지만! 루터가 재확인한 바울로의 가르침은 애당초 은밀하게 감추어진 신비였다. 그것을 찾아내 "할 수 있다"로 물든 서구세계에 소개한 루터의 용기와 인내에 대해 그리스도교는 감사해야만 한다.

다만 한 가지 문제는 오늘날 대다수 그리스도인들이 진정한 의식의 변화나 사회비평은 염두에 두지 않고, 저마다 믿음을 "내 구주 예수 그리스도를 위한 결단"으로만 받아들인다는 데 있다. 그리하여 '믿음'을 자기가 수행할 수 있는 '좋은 일'(good work)로 둔갑시키는데 그 뒤에서 에고가 왕성히 작용한다는 점이다. 그런 기계론적 구원관은 흔히 옳고 바른 말들로 사람을 안내하지만, 정직한 자기비판이나 문명적 사회비평과는 멀어지게 만든다. 그리하여 "성품의 결함들"은 거의 그대로 남아 있고 대다수 그리스도인들이 물질지상주의와 이기주의에 갇혀 성차별에 인종차별에 권력과 돈을 추구하고 전쟁을 좋아하면서 그래도 종당에는 천국으로 자기를 인도할 "놀라운 은총"(amazing grace)에 몸을 의탁하는 것이다. 어쩌면 결국 그렇게 될 것이다! 하지만 그들이 다른 사람들을 돕기 위해 하늘나라를 이 땅에 건설하거나 자신의 구원을 삶의 현장에서 구현하려고 애쓰지 않는 것은 분명한 사실이다. 많은 수의 '거듭난' 신자들이 오늘 그리스도교를 세상의 조롱거리로 만들고 있다. (가톨릭만 두고 말하는 게 아니다!)

당신 스스로 이 역설을 안고 씨름하면서 마침내 서로 상충하는 것처럼 보이는 것들이 전혀 상충하지 않는 것임을 깨칠 수 있도록, 이 장을 여기서 마무리해야겠다. 당신의 인생에서, 특히 맑은 정신을 되찾기 위한 여정에서, 이 역설이 진실임을 경험한 적이 있는가? 그것은 언제 어디서나 진실이다. 우리는 애쓰면서 애쓰지 말아야 한다. 시인 T. S. 엘리엇의 말대로, "돌보면서 돌보지 말아야" 한다. 내가 몸담아 일하는 "행동과 묵상 센터"(The Center for Action and Contemplation)의 이름에 이 딜레마가 담겨 있다. 우리는 굴복하면서 동시에 책임져야 한다.

개인의 기질에 따라 당신은 어느 한 쪽을 먼저 시작하게 될 것이다. 그러나 결국에는 둘 사이에 다리를 놓아야 한다. 그리고 그 다리 위에, 건너가면서 건너오는 당신을 세워야 한다. "모든 일이 하느님한테 달려 있다는 듯이 기도하고 모든 일이 나한테 달려 있다는 듯이 행동하라"는 오랜 격언을 뒤집어, "**모든 일이 하느님한테 달려 있다는 듯이 행동하고 모든 일이 나한테 달려 있다는 듯이 기도해야**" 한다. (옳다, 이렇게 읽는 것이 정확하다!)

당신이 나귀를 잡았다면 그것은 당신이 달리면서 동시에 달리지 않았다는 얘기다. 닭과 달걀은 영원히 서로 낳는다. 이분법적 사고방식만이 딜레마를 만든다. 은총은 언제나 준비된 마음을 좋아한다. 그것을 이렇게 요약 정리할 수 있겠다. 하느님은 겸손하셔서 초대받지 않으면 절대 오시지 않는다. 그러나 그분은 당신이 우리한테 **초대받는** 몇 가지 방법을 우리보다 먼저 아신다.

제7장

우리가 왜 구해야 하는가?

우리의 결함들을 치워달라고 [하느님께] 겸손히 청했다.
— 7단계

하느님, 선하신 분이여, 나를 불쌍히 여기소서.
어지신 분이여, 내 죄를 없애주소서.
허물을 말끔히 씻어주시고
잘못을 깨끗이 없애주소서. — 시편 51, 1-2

아무 걱정도 하지 마십시오. 언제나 감사하는 마음으로 기도하고 간구하며 여러분의 소원을 하느님께 아뢰십시오. 그러면 사람으로서는 감히 생각할 수도 없는 하느님의 평화가 그리스도 예수를 믿는 여러분의 마음과 생각을 지켜주실 것입니다. — 필립비 4:6-7

너희는 기도할 때에 이방인들처럼 빈말을 되풀이하지 마라.

> 그들은 말을 많이 해야만 하느님께서 들어주시는 줄 안다. 그러니 그들을 본받지 마라. 너희의 아버지께서는 구하기도 전에 벌써 너희에게 필요한 것을 알고 계신다.— 마태 6:7-8

우리가 구하기 전에 우리한테 무엇이 필요한지를 하느님이 아신다면, 우리가 돌보는 것보다 하느님이 우리를 더 잘 돌보신다면, 어째서 예수는 '7단계'와 마찬가지로, "구하라, 받을 것이다. 찾으라, 얻을 것이다. 문을 두드리라, 열릴 것이다"(마태 7:7)라고 말씀하시는 걸까? 우리가 지금 하느님을 설득하려는 건가? 기도 많이 하는 사람은 그 기도하는 것들을 모두 얻는가? 우리가 원하는 것을 달라고 떼쓰는 게 기도인가? 아니면 하느님을 우리 편으로 만들려는 건가? 어느 경우든지 간에, '우리'가 주인으로 되어 무엇을 어떻게 해보려는 시도임을 주목하자.

이 장에서 나는 사람이 무엇을 구하는 행위(asking)의 복잡하면서 단순한 그리고 매우 중요한 의미를 알아보려고 한다. 무엇을 구하는 행위가 왜 좋은 것인가? 탄원하고 중재하는 기도들 속에서 정말로 이루어지는 게 무엇인가? 사람이 하느님을 설득시킬 필요가 있는가? 그게 참으로 격려할 만한 일인가? 어째서 예수께서는 우리에게 구하라고 하면서 "기도할 때 빈말을 되풀이하지 말라."(마태 6:7)고 하시는가?

두 마디 짧은 문장으로 이 질문에 답해보겠다. 그런 다음 그 말을 되짚어보면서 무슨 뜻인지 설명해보겠다. "우리는 하느님이 달라지기를 구하는 게 아니라 우리가 달라지기를 구하는 것이다." "우리는 무엇이 어떻게 되기를 기도하는 게 아니라 살아있는 관계가 이루어지기를 기도하는 것이다." 기도는 우리가 우리의 삶과 하느님과 맺는 관계다. 생각과 느낌의 교환보다 큰 결과를 이루어 내는 협동작업(synergy)이다. (그래서 예수는 모든 기도가, 겉으로 보기에 안 그런 것 같아도, 빠짐없이 응답된다고 말씀하신다.) 하느님은 당신과 우리 사이의 관계가 계속 유지되면서 성숙되기 위하여 우리에게 필요한 것이 기도임을 아신다. 기도는 하느님을 어떻게 하거나 우리가 원하는 것을 얻으려는 수단이 아니다. 예수가 루가복음(11:13)에서 말씀하시듯이, 모든 기도에 가장 좋고 유일하고 똑같은 응답이 있다. 하느님의 성령이 그것이다! 그분은 우리에게 응답(answer) 대신 힘(power)을 주신다.

스스로 자격을 주장하는 오만

인간관계가 무너지는 가장 큰 이유 가운데 하나가 자기한테 무엇을 주장할 자격이 있다고 생각하는 것이다. "난 이럴 자격이 있어." "그럴 권리가 내게 있다고!" "내 자리가 너보다 위야." 이런 말을 자주 하는 사람일수록 인간관계에 반드시 필요한 믿음, 소망, 사랑을 헐게 마련이다. 예수가 공관복음에서 강한 어조로 "부자가 하느님 나라에 들어가는 것보다 낙타가 바늘귀를 빠져나가는 것이 더 쉬울 것이다."(루가 18:25)라고 말씀하신 이유가 여기 있다. 예수께서 다른 사람들을 염두에 두고 이 말씀을 하신 게 아니다. 당신에게 하느님 나라로 가는 길을 물어온 젊은 부자에 연관시켜 하신 말씀이다. 그 부자의 속은 이런저런 자격들로 가득 차 있었다. "난 일을 열심히 했으니까 이럴 자격이 있다." "내 위치에서는 이런 대접 정도 받아야 해!" 수많은 성직자와 저명인사들이, 수많은 군중의 협조를 얻어, 비록 겉으로는 그렇게 말하지 않더라도, 이렇게들 생각하며 살아간다.

사람의 영혼을 파멸시키는 이 오만한 태도를 불식시키고자 예수는 우리에게 철저하게 남에 의존하여 빌어먹고 살아가는 걸인이 되라고 말씀하신다. 실제로 우리 모두 정직하게 말해서 영적으로 누군가의 도움 없이는 한 시도 살 수 없는 걸인들이다. 우리 아버지 프란체스코가 말씀하셨듯이, 자기가 아무것도 모르고 언제나 부족한 구석이 있게 마련인 "타향사람이요 나그네에 불과하다"(히브리 11:13)는 사실을 알면 그 사람은 진실로부터 크게 어긋나지 않은 것이다.

하느님과 우주 앞의 걸인들

살면 살수록 진실(truth)은 몇 마디 말과 개념 따위에 담을 수 있는 추상(推想)이 아님을 알겠다. 진실은 우리가 이 세상을 어떻게 사느냐에 연관된 무엇이다. 독일 가톨릭 철학자 요제프 피에퍼가 오래 전에 말했듯이, "진실의 태생지는 사람과 사람의 관계

속에 있다." 그런데도 우리는 진실을 종이 위의 몇 마디 개념으로 바꿔버렸다. 정직하게 한결같이 살면서 인간관계를 유지하는 길이 있는가 하면, 정직하지 않게 거짓으로 살아가는 길도 있다. 우리가 어떤 이론과 신학을 지지한다 하더라도 이는 너무나 분명한 '진실'이다. 어떤 인간관계를 이루며 어떤 인생을 스스로 창조하느냐, 이것이 우리가 무덤까지 안고 갈 '진실'의 내용이다. 우리가 무슨 이론을 신봉하느냐가 아니라 우리가 누구냐, 이게 문제다. 예수는 두 아들 비유(마태오 21:28-32)로 이 진실을 잘 보여주고 있다.

탄원하는 기도를 드리는 것은 삶의 진실을 정직하게 사는 한 가지 방법이다. 초기 프란치스칸 수도자들과 불교 수도승들이 탁발로 연명한 것은 우연이 아니다. 우리가 이 중심 메시지를 잃는 것은 프란체스코도 붓다도 원치 않았다. 그런데 오늘 우리는 스스로 만들어내고 뭐든지 하면 된다는, 그래서 한사코 기어오르기만 하는 문명 속에서 그것을 거의 모두 잃어버렸다. 그렇게 해서 땅과 땅에 사는 다른 생명들과의 정직한 관계를 상실한 것이다. 인생의 마지막 참된 진실은 당신이 어떤 신조들을 믿느냐가 아니라 실제로 어떻게 살아가느냐에 있다. 우리 모두 하느님과 우주 앞에서 영원한 거지들이다.

우리는 자신의 변화 또는 회심을 추진하거나 앞에서 인도할 수 없다. 만일 그런다면 그것은 어디까지나 자기중심적으로 잘 통제된 회심 작업일 뿐, 대부분의 선입견과 편견이 교묘하게 위장되어 그냥 그대로 남아 있을 것이다. 자기 회심을 스스로 주도

하는 것은 알코올 중독자가 제 힘으로 중독에서 벗어나겠다고 결심하는 것과 같다. 하느님이 그의 인생관과 세계관을 근본적으로 바꿔놓으셔야 한다. 우리는 여태 자기 자신에만 집중해왔다. 그래서 어떻게 관점을 바꿔야 하는지, 돌려야 하는지 모른다! 너무 많은 '나' 때문에 어디에서도 '너'를 보지 못하게 된 것이다.

그래서 '7단계'는 말한다. "우리 결함들을 치워달라고 하느님께 겸손히 청했다"고. 당신의 결함을 스스로 치우려 해서는 안 된다. 오히려 더 많은 결함들을 짓게 될 것이다. 아니면 더욱 간교한 모조품으로 진품을 대신할 것이다. 예수도 말씀하신다. "가만두어라. 가라지를 뽑다가 밀까지 뽑으면 어떻게 하겠느냐?"(마태오 13:29).

그 대신 당신은 하느님께서 (1) 당신의 결함을 당신에게 있는 그대로 보여주시도록, (2) 하느님이 하느님 방법으로 그것을 치워주실 수 있도록, 해드려야 한다. 당신이 만일 성난 채찍을 들고 그것을 몰아내려 한다면, 머잖아 성난 채찍과 함께 한층 더 깊고 교묘하게 위장된 결함들이 그대로 남아 있을 것이다. 대부분 알코올 중독자들이 치료과정에서 이 중독을 저 중독으로 바꿔놓고 마는 이유가 여기 있다. 그리하여 알코올 대신 니코틴, 카페인, 마약, 성난 몽둥이에 중독이 되는데 그래도 그것이 그리스도인의 성난 몽둥이이므로 괜찮다는 식이다.

우리 결함을 치우는 하느님의 방식은 그 빈자리를 더 좋고 더 밝고 더 흡족한 내용으로 채우는 것이다. 그때 우리 결함들은 억지로 제거되거나 억압되는 게 아니라 밖으로 자연스레 노출된다. 마치 건축현장에서 쓰고 버린 발판처럼, 우리의 죄가 더 이상 쓸모없고 도움도 안 되는 것으로 바뀌어 떨어져나간다. 이미 새 건물이 섰기 때문이다. 이것이 우리의 참 자아(True Self)에 대한 놀라운 발견이요, 임시로 꾸며 만든 거짓 자아(false and constructed self)의 점차적 소멸이다.[1]

일단 좋은 음식을 맛본 사람은 조잡한 음식에 더 이상 집착하지 않는다. 단지 돈을 벌기 위해 만든 햄버거나 튀김을 상대로 하여 따로 십자군전쟁을 벌일 필요는 없다. 저절로 그것들을 무시하게 될 테니까. 당신이 온전하고 신선하고 건강에 좋은 유기농산물을 찾는 동안 다른 음식에 대하여는 흥미조차 없게 된다. "모든 영적 보상이란 본디 당신 안에 있는 것이지 나중에 따로 얻는 것이 아니다." 이 말을 진실한 격언으로 유념했으면 한다. 나중 천국보다는 지금 건강이다! 이와 같은 삶의 태도가 당신에게 나중 천국을 약속한다.

삶 자체와의 올바른 관계

내 절친한 친구 제럴드 메이는 자신의 『중독과 은총』(Addiction and Grace)이라는 책에서 "중독이 우리의 영적 욕망을 고갈시킨다."고 말했다. 중독은 우리의 가장 깊고 진실한 욕망인,

---

[1] Richard Rohr, "True Self/False Self" CD set (Cincinnati: St. Anthony Messenger Press, 2010). 『불멸의 다이아몬드』 (김준우 역, 2015).

"암사슴이 시냇물을 찾듯이 애타게"(시편 42:1) 하느님을 찾는 내적 갈망과 생명 기운을 말려버린다. 영적 욕망은 우리로 하여금 완전한 만족, 고향, 하늘나라, 신과의 합일을 향해 달려가도록 하느님이 처음부터 우리 안에 넣어주신 것이다. 중독은 그 영적 욕망이 잘못된 대상을 향한 것이다. 나는 중독에서 벗어나 건강을 회복한 사람에게 다른 사람들보다 특별히 민감한 영적 감각이 있음을 경험으로 알고 있다. 단지 그 감각이 방향을 잘못 잡았던 것일 뿐이다. 길들여지지 않은 욕구와 욕망이, 그 경계선들을 찾고 강한 정체성을 발견하고 충동을 통제하고 깊은 하나님 체험을 갖기 전에, 튀어나온 것이다.[2]

그런 까닭에, 삶 자체와 올바른 관계를 맺고자 구하고 찾고 두드리는 일이 매우 중요하다. 삶의 하루하루 구석구석이 아무 값도 없이 당신에게 주어진 옹근 선물이다. 날마다 감사하는 태도로 살면, 당신의 삶은 깊은 차원에서 만족스러워질 것이다. 그러나 당신한테 그럴 자격이 있다는 얘기는 아니다. 그렇게 열린 가슴에 겸손한 태도로 사는 사람은 하느님이 "말에다 누르고 흔들어 넘치도록 후하게 담아서"(루가 6:38) 주시는 것을 받게 된다. 내 경험으로 미루어 보건대, 날마다 감사하면서 살 줄 모르면 그만큼 불평불만으로 휘둘리게 마련이다. "일용한 양식"을 구하라는 말은 어떤 의미에서 그것이 벌써 주어졌음을 알라는 말이다. 구하지 않는 것은 당신 자신의 노력, 목표, 요구―그리고 당신 자신―에 너무 큰 가치를 부여하는 것이다.

---

2) Rohr, *Falling Upward*, pp. 25ff.

시간이 지나 회복되고 나면, 이내 당신의 깊고 간절한 욕망이 하느님한테서 온 것이었고, 당신이 그토록 원하는 것을 잠시 길을 에돌아 엉뚱한 곳에서 찾다가 마침내 찾았음을 알게 되리라. 하느님은 기꺼이 그 때를 기다리신다. 꿈에 하늘의 천사들이 오르내리는 사다리를 본 야곱처럼, 당신도 돌베개에 머리를 얹고 이렇게 말할 것이다. "참말 야훼께서 여기 계셨는데도 내가 모르고 있었구나. 이 얼마나 두려운 곳인가. 여기가 바로 하느님의 집이요 하늘 문이로구나!"(창세 28:16-17).

이 정도로 그치는 게 아니다. 당신이 마지막으로 보게 될 진실은, 토머스 머튼이 말한 대로, "하늘 문이 모든 곳에 있다"는 것이다. 이제 우리의 에고 뭉치와 그것이 지은 허물들은 우리로 하여금 언제나 눈앞에 열려 있는 하늘 문을 통과하지 못하도록 또는 아예 그것을 보지도 못하도록 방해하는 성가시고 무거운 짐에 불과하다.

제8장

빚 갚기

우리한테 상처받은 사람들 명단을 빠짐없이 작성하고 기꺼이 그들 모두에게 진 빚을 갚기로 했다. — 8단계.

그때 나단이 다윗에게 말했다. "임금님이 바로 그 사람입니다."… 다윗이 이렇게 자기 죄를 고백하였다. "내가 야훼께 죄를 지었소." — 사무엘하 12:7, 13

그러므로 남을 판단하는 사람이라 하더라도 자기는 죄가 없다고 말할 수는 없습니다. 남을 판단하면서 자기도 똑같은 짓을 하고 있으니 결국 남을 판단하는 것은 바로 자기 자신을 단죄하는 것입니다. — 로마 2:1

그러므로 제단에 예물을 드리려 할 때에 너에게 원한을 품고 있는 형제가 생각나거든 그 예물을 제단 앞에 두고 먼저 그를 찾아가 화해하고 나서 돌아와 예물을 드려라.
— 마태 5:23-24

예수는 은총과 자비라는 수준 높은 철학으로 사셨고 그것을 가르치셨지만, 한편으로 수준 낮은 덕행 또는 '충족'(satisfaction)의 철학을 저버리지도 않으셨다. 그 둘은 서로를 세워준다. 다만 우리는 낮은 철학이 사랑, 용서, 고통, 죽음과 같은 인생의 큰 문제들을 다루는 데 적합하지 않다는 사실을 스스로 발견할 따름이다. 이 보편적 원리를 우리는 "초월과 포함의 원리"라고 부른다. 사랑과 변형의 높은 상태로 올라갈 때, 당신은 이전의 상태 위를 건너뛰는 게 아니라 오히려 뒤로 돌아가서 지난날에 저지른 잘못을 교정(矯正)해야 한다. 그러지 않으면 당신 자신과 당신이 해친 사람을 위한 치유도 열린 미래도 없다.

하느님은 우리를 온전히 용서하신다. 하지만 우리가 저지른 잘못의 '업보'(karma)는 남아 있다. 그러기에 뒤로 돌아가서 우리가 망가뜨린 이음쇠들을 고쳐놓아야 한다. 그렇게 하지 않으면 사람들이 우리를 용서할 수 없고 따라서 양쪽 모두 상처투성이 몸으로 남아 있어야 한다. 자기 자신을 용서하기 위해서라도 자기가 저지른 잘못을 고쳐놓아야 한다. 에드워드 티크는 『전쟁과 영혼』(*War and the Soul*)에서, 전후(戰後) 외상성 스트레스 장애(PTSD)를 앓는 환자들을 치료하는 가장 효과적 방법들 가운데 하나가 그들을 베트남으로 보내어 그곳의 고아와 장애인들을 위한 봉사에 참여하도록 하는 것이라고 말한다. 그러지 않으면 그들은 결코 자유로워질 수 없다는 것이다.

"놀라운 은총"(amazing grace)은 정직한 인간관계를 회피하는 수단이 아니다. 양쪽 모두의 해방을 위하여 인간관계를, 하지만 이번에는 은혜롭게, 다시 맺는 것이다. 영성의 세계에서는 그 어느 것도 외면하여 내버리지 않는다. 모든 것이 계산되고 화해되어야 한다. 헨리 나우웬이 말을 참 잘했다. 모든 치유자는 "**상처 입은 치유자**"(wounded healers)이다. 다른 치유자는 없다. 실제로 당신이 상처를 입거나 남에게 상처를 입힌 바로 그 자리에서 당신은 다른 사람들을 효과적으로 치유해줄 수 있다. "하느님께서는 질그릇 같은 우리 속에 이 보화를 담아주셨습니다. 이것은 그 엄청난 능력이 우리에게서 나오는 것이 아니라 하느님께로부터 나온다는 것을 보여주시려는 것입니다"(2 고린토 4:7). 지금 당신은 치유자가 될 준비를 갖추고 있는 중이다.

당신은 남을 해치는 것이 얼마나 크게 자기를 해치는 것인지를 알고 기억함으로써, 남들에게 입힌 상처에 고약을 발라주는 법을 배운다. 때로 그 기억은 당신이 얼마나 편협하고 미숙하고 이기적이고 피해 망상적이었는지에 대한 깨달음을 수반한다. 그것을 돌이켜보고 받아들이는 일이 우리를 아프게도 하지만 동시에 우리가 서로 주고받은 상처들에 대하여 애통하고 슬퍼하는 은총을 안겨주기도 한다. 우리는 영성수련장에서 건전하게 치러지는 "애통 의식"(liturgies of lamentation)이 사회적 개인적 변화를 위하여 매우 효과적으로 작용한다는 사실을 알았다. 다행스럽게도 하느님은 우리 죄를 점차적으로 드러내시어 우리로 하여금 지난날의 잘못을 시인하고 받아들일 수 있게 해주신다. "그러므로 주님은 죄짓는 자들을 조금씩 고쳐주시고 그들이 죄지은 것을 일깨워주시며 타이르시어 그들로 하여금 악에서 벗어나 주님을 믿게 하신다"(지혜서 12:2).

하지만 우리 가족과 친구와 적들은 하느님만큼 친절하지도 않고 참아주지도 않는다. 그들은 우리에게서 분명한 이야기를 들어야 자유로워지고 자신들의 삶을 계속할 수 있다. 우리들 속에 있는 말을 모두 토해내거나 해명을 듣거나 솔직한 사과를 들어야 할 필요도 있다. 우리로 말미암아 빚어진 상황에 대한 자신의 견해와 그것이 자기한테 어떤 상처를 입혔는지 모두 털어놓아야 한다. 어느 쪽도 반드시 남을 비난하거나 자기를 방어할 필요는 없다. 하지만 자기한테 무슨 일이 있었는지를 기억나는 대로 말하고 아울러 남들이 무엇을 어떻게 듣고 느꼈는지 귀담아 들을 필요가 있다. 이것이야말로 참된 인간관계를 위한 기술(art)이요, 어떤 이는 이것을 가리켜 "사람을 구원하는 듣기"(redemptive listening) 또는 "비폭력 대화"라고 부른다.[1] 바로 이 비폭력 대화의 기술을 개인 차원에서 훈련받은 적이 없는 우리로서는 국가와 문화 또는 종교 차원에서 이런 기술이 발휘되지 않는 현실이 조금도 놀랄 게 못 된다.

인류 역사가 끊임없는 전쟁과 폭력으로 이어져온 것이 어쩌면 당연하다 하겠다. 우리는 그동안 "사람을 구원하는 듣기"나 "공정하게 싸우는" 능력을 키우지 않았다. 하지만 이제 바야흐로 결혼한 부부, 가족, 정신치료사, 교도소 관리들 사이에 정직한 대화의 기술이 학습되면서 우리는 사회를 기초부터 다시 건설하기 시작하였다. 상황은 우리가 기대한 것보다 훨씬 넓고 깊게 달

---

1) Marshall Rosenberg and Arum Gandhi, *NonViolent Communication* (Encinitas, C.A.: Puddle Dancer, 2003).

라지고 있다.

그러기에 '8단계'는 구체적으로 "상처받은 사람들 명단을 빠짐없이 작성했다"고 말한다. **우리가** 상처 입힌 사람들 명단이다. **우리에게** 상처 입힌 사람들 명단이 아니다. 그런 명단을 만드는 작업은 우리를 스스로 만든 희생자 역할로 되돌아가게 할 따름이다. 여기서 '8단계'는 중독자들을 엄청난 이기주의 바깥으로 몰아붙일 필요가 있음을 안다. "익명의 알코올 중독자들"(AA)은 사람들에게 대놓고 "너는 지독한 이기주의자다!" 또는 "그 망할 놈의 나르시시즘에서 벗어나지 않는 한 너는 조금도 성장하지 못할 것이다"라고 정직하게 말하는 유일한 단체다. 그들은 자기를 따라오려면 "누구든지 자기를 버리고 제 십자가를 지고 따라야 한다"(마르코 8:34)고 서슴없이 말하는 예수와 같다. 그런데 여전히 우리들 대부분은 그 말을 믿지 않거나 믿기는커녕 오히려 듣기 싫어한다.

다른 단체들은 대부분 이쪽 또는 저쪽으로 치우쳐 균형을 잃고 있다. 자유롭고 진보적인 단체들은 사회문제를 바로잡는 일에 몰입하느라 오히려 사람들의 이기적 성품을 더 굳혀줄 따름이다. 그런 단체들은 수직적 진실을 말하는 일이 거의 없고, 너무 많은 수평적 관심사에 함몰되어 있다. 반면에, 대부분 근본주의적이고 보수적인 단체들은 하느님의 엄한 심판으로 겁을 주면서 사람들의 상처를 치유하고 잘못을 고쳐나가는 방법에 대하여는 아무것도 가르치지 않는다. (거기서는 명상을 가르치지 않는다.) "예수님이 모든 것을 용서하셨다. 그러니 우리는 그것을 잊어도 된다." 이런 말에서 수평적 관심은 거의 찾아볼 수 없고 수직적 관심은 지나치게 많다. 그들의 죄의식 문제는 이미 해결되었고 그게 전부다. 그러나 너 자신의 죄의식을 덜고자 하는 것은 자기중심적인 관심사인 반면에, "어떻게 다른 사람을 그들의 죄의식에서 자유케 할 것인가?"라고 묻는 것은 사랑하는 이의 관심사이다.

십자가의 기하학(幾何學)

십자가의 기하학조차도 우리에게 수평과 수직의 두 차원이 필요함을 말해준다. 그리스도교는 "영으로 됨"(spiritualization)이 아니라 "몸으로 됨"(incarnation)의 종교다. "영원한 청사진"(the Eternal Blueprint, '로고스')이 일단 사람 몸으로 되었기에 우리는 물질계에서 하느님을 찾아야 한다. '성육신'이 우리의 메인 트럼프 카드다!(요한 1:14). '8단계'는 성육신을 위한 매우 놀랍고 실제적 기술과 방법을 제시한다. 이처럼 몸으로 되는 성육신이 그리스도교를 이 땅 위의 구원을 위한 정직한 종교, 단지 우리들 자신만이 아니라 다른 이들도 구원하는 데 초점을 맞춘 종교가 되게 한다. "자기가 빛 속에서 산다고 말하면서 자기 형제를 미워하는 자는 아직도 어둠 속에서 살고 있는 것입니다."(1 요한 2:9). 사람 몸으로 되기 전까지의 종교는 플라톤의 관념주의(idealism)는 될지언정 예수의 급진주의(radicalism)는 아직 아니다.

'8단계'의 천재성은 사람이 무엇을 '기꺼이' 하게 되기까지 상당한 세월이 소요된다는 점을 잘 알고 있는 데서 빛난다. 그래서 "기꺼이 그들 모두에게 진 빚을 갚기로 했다"는 문장으로, 그것이 언제나 하나의 과정이요, 결국은 모든 사람을 남김없이 포함시켜야 한다는 점을 우리에게 상기시켜준다. 진실로 다른 사람에게 치유가 될 수 있게끔 사과를 하려면, 지혜와 더불어 남을 존중하는 마음이 있어야 한다.

어떤 사람이 당신에게 사과를 하는데, 자기가 당신한테 용서를 구할 만큼 괜찮은 인격자임을 보여주려는 데 속셈이 있는 것 같은 경험을 한 적이 있는가? 지금 그는 자기가 무척 관대한 사람이라고 생각하면서 스스로 그린 자화상에 붓질을 하고 있는 것이다. 그가 "내가 미워하는 건 당신의 범죄이지 당신은 아니다"라고 아주 근사한 말을 할 경우도 있다. 이런 말에는 새겨볼 만한 의미가 나름대로 있겠지만, 보통은 그 속에 "내 도덕 수준이 너보다 높다"는 뜻이 숨어 있게 마련이다. 그가 풀어주는 것은 자기 자신이지 상대방은 아니다. 그리스도인들 가운데는 동성애자들에게 이런 말을 하면서 스스로를 면죄하고 나아가 은근히 스스로를 높이는 사람들이 있다. 하지만 그러면서 그들은 동성애자들을 속박하고 자기들이 그러고 있는 줄도 모른다.

한번은 이렇게 말하는 사람을 보았다. "당신이 나를 용서한다니 받아들이겠다. 그런데 왜 내가 용서받았다는 '느낌'이 들지 않는 건가?" 그가 우리를 풀어주지 않은 채 자기를 풀어주려고 할 때 우리는 여전히 속박되어 있는 것이다. 예수는 우리 모두에게 현실에서 매고 풀 수 있는 놀라운 능력을 주신다. 우리가 자신을 풀어주려고 하면서 남들을 풀어주지 않을 때, 그 능력은 작동되지 않는다. 이는 우리가 성경을 제대로 읽지 않았음을 보여주는 로마교회의 또 다른 고전적 실례다. 로마교회는 "매고 푸는" 능력이 베드로에게 주어졌다는 마태오복음 16장 19절을 자주 인용한다. 그러나 예수가 같은 능력을 전체 공동체에 주면서 "나는 분명히 말한다."는 말을 덧붙이기까지 한 마태오복음 18장 18절은 간과해버린다. 이야말로 편견에 가득 찬 선택적 기억인 셈이다. 하지만 참 복음은 언제나 "위험한 기억"(dangerous memory)이다.

고치려는 의지

어떤 값을 치르더라도 우리 모두 내면의 청소를 할 필요가 있다. 사람이 과거 상처에 대한 집착이나 누군가에게 보복하려는 마음을 비우려면 심신을 부드럽게 하는 수련을 얼마쯤 받아야 한다. "원수 갚는 일은 내가 할 일이니 내가 갚아주겠다"(로마 12:19). 보복은 우리 몫의 일이 아니다. 무엇을 고쳐 원상으로 돌려놓는 일을 '기꺼이' 하게 되기까지는 오랜 세월이 필요하다. 사람들이 '8단계'를 거치는 데 몇 년씩 걸리는 이유가 그래서다.

그들은 목록을 만든다. 하지만 그것은 남들이 자기한테 무슨 짓을 했는지를 기록한 목록이 아니다. 그런 목록 작성은 일단 시작하면 멈추기 힘든 전형적 에고 스타일이다. 그들에게는 새로운 소프트웨어, '은총'이라는 이름의 프로그램, 새로운 패턴, "새로운 마음"(에페소 4:23; 골로사이 3:10-11; 1 고린토 2:16), 새로운 과정이 주어진다. '나에게' 상처 입힌 사람들의 목록을 작성하는 대신 '내가' 상처 입힌 사람들 목록을 만들고 뭔가 상응하는 행동을 취하여 편지, 방문, 전화, 초대 아니면 의미 있는 선물 등, 어떻게든지 사과하는 마음을 실제로 보여주는 것이다. 하느님이 당신에게 가장 좋은 방법, 가장 좋은 장소, 가장 좋은 때 그리고 가장 좋은 말을 일러주실 것이다. 이 모든 것을 기도하고 기다려라.

문제를 만든 의식으로는 그 문제를 풀 수 없다는 아인슈타인의 말을 한 번 더 기억하자. 이런 목록을 만들어 실천하다보면 당신의 의식이 변하여 무엇을 누구한테 앙갚음하려던 사람이 언제 어디서나 감사하고 겸손한 사람으로 바뀔 것이다.

제9장

세련된 방식의 보상

그들에게 할 수 있는 대로 직접 보상하였다. 단, 그것이 그들이나 다른 이들에게 해가 되지 않는 선에서. — 9단계

경우에 닿는 말은 은쟁반에 담긴 황금사과다. 들을 줄 아는 귀에 일러주는 지혜로운 꾸지람은 금귀고리요 순금목걸이다. — 잠언 25:11-12

말씀을 듣고도 실천하지 않는 사람은 제 얼굴의 생김새를 거울에다 비추어 보는 사람과 같습니다.
— 야고보서 1:23

이제 저는 감히 아버지의 아들이라고 할 자격이 없으니 저를 품꾼으로라도 써주십시오, 하고 사정해보리라.
— 루가복음 15:19

서양 종교들이 '지혜'(wisdom)라고 부르는 것을 동양 종교들은 '세련된 방식'(skillful means)이라고 부른다. 지혜는 머리로 외는 잠언 따위가 아니다. 어떤 일을 효과적으로 잘 처리하는 방식이다. 사람은 일을 지혜롭게 처리하는 세련된 방식을 부모나 스승으로부터 배울 수도 있지만, 숱한 시행착오와 오류를 거듭하는 고통스러운 과정을 통해서 배우기도 한다. 나는 상식적인 지혜 또는 세련된 방식들이 더 이상 상식으로 통하지 않는 인간 사회가 두렵다. 오늘 우리는 노인들의 수가 늘어나는 고령화시대에 살고 있지만, 지혜를 전해주는 노인들은 그리 많지 않은 게 현실이다.

예수는 산상수훈에서 그리고 많은 비유들에서 세련된 방식을 가르치는 탁월한 스승의 모습을 보여주고 있다. 그런데 우리는 그의 신성(神性)을 증명하고 예배하는 데 골몰하여 영적 지혜를 가르치는 스승으로, 현자로 모시는 일에 실패해왔다. 그분이 사람 되는 길에 관하여, 우리가 당신의 인간성을 어떻게 본받을 것인가에 관하여 틈틈이 일러준 가르침에 귀 기울이는 대신에 우리는 그가 어떻게 하느님이었는지에 관한—정작 그는 거기에 별로 관심하지 않은 것 같은데—또 다른 교리적 설명을 그에게서 기다려왔다.

그는 자주 그리고 자랑스럽게 자기를 "사람의 아들"이라고 불렀다. 그렇게, 우리가 강조하기를 겁내는 바로 그것을 강조하였다. 예수가 자기에게 가장 많이 붙여준 이름은, 예언자 에제키엘이 그랬듯이(아흔아홉 번 그렇게 불렀음), "인류의 아들," "너희들 가운데 하나," "원형 인간"이었다. 그것이 당신 스스로에게 붙여준 거의 유일한 이름이었다. 제자들에게는 자기가 그리스도 임을 사람들에게 알리지 **말라**고까지 하였다(마태오 16:20 참조). 신학자들이 "사람의 아들"이라는 호칭을 본문에 없는 대문자까지 사용하면서 다니엘 7장 13절에 연관시키려 한 것은 선택적 기억(selective memory)의 또 다른 예에 불과하다. 그러나 그런 시도는 결국 복음을 "다른 세상에 속한 것"으로 만들고 우리로 하여금 복음이 가리키는 분명한 의미를 외면한 채 모호한 가능성을 상상하도록 이끌었다. 진정 그 말의 의미는, 문자 그대로, 이런 것이었다. "나는 전형적인 인간 존재다."(I am a classic human being). "나는 너희들 가운데 하나다." 우리는 예수를 실천적으로 본받을 모델로 받아들이지 않았다. 그러나 우리네 인생의 진정한 목표는 그에게서 신성과 인성의 결합(combination)을 보고 그것을 본받는 데 있다. 기억하자, 예수는 자주 "나를 따르라"고 했다. "나를 예배하라"는 말은 한 번도 하지 않았다. 그런데 우리는 참 인간(참사람)으로 존재하는 법을 배우고 익혀야 할 시간에 하느님의 독생자를 예배하는 일에 몰두해온 것이다. 완전한 인간성은 큰 영성으로 인도한다. "본성 위에 세워진 은총"은 하늘로 도망칠 수 없다.

'9단계'가 말하는 것은 우리 자신의 인격과 다른 사람의 인격을 보호하는 세련된 방식이라고 하겠다. 그래서 남들에게 하는 우리의 보상이 '직접적'이어야 한다고, 개인적이고 구체적인 방식이어야 한다고 말한다. 예수는 직접 사람들 몸을 만졌고 그들을 마주 보면서 병을 고쳐주었다. 그것은 얼굴로 얼굴을 대하는 만남이다. 입은 상처 때문에 처음엔 힘들고 어색하겠지만, 그래서 상대가 당신을 거절할 수도 있겠지만, 길게 보면 더 없이 좋은 방법이다. 당신은 당신 쪽에서 문을 열었다. 당신이 다시 닫지 않는 한, 그 문은 계속 열려 있을 것이다.

그런데 여기서 가장 세련된 통찰을 우리는, "그것이 그들이나 다른 이들에게 해가 되지 않는 선에서"라고 첨부된 문장에서 본다. 필시 여러 번 거듭된 시행착오 끝에 이 말이 첨부되었을 것이다. 결혼한 부부가 공정하게 싸우는 법을 배우려면 적어도 7년에서 10년은 걸려야 한다고들 말한다. 사람이 언제 어떻게 어디서 누구에게 무엇을 사과하거나 보상할 것인지를 알려면, 상당한 세월과 선배들의 조언이 필요하다. 사과나 보상을 세련되게 잘 하지 않으면 오히려 더 큰 문제를 일으키고 아픈 상처를 더 아프게 할 수 있다. "열두 단계"는 그것을 충분히 알 만큼 겪을 것을 다 겪었다. 물론, 모든 것을 모든 사람에게 상세히 털어놓을 필요는 없다. 그렇게 했다가 더 큰 상처를 입히고 영원히 용서받지 못할 존재로 남는 수가 있다. 그래서 지혜롭게 잘 분별하면서 접근할 필요가 있는 것이다.

익명성과 폭로

우리는 "완전한 폭로"(total disclosure)라는 신화를 믿는데, 이는 정당하지 않을 뿐 아니라 도움도 되지 않는다. 그것이 실체적 진실이라는 이유로 모든 사람이 알 수 있고 알아도 되고 알아야 하는 건 아니다. 당신은 어떤 것에 대하여 어떤 사람이 들을 필요가 있고 들을 권리가 있는지를 분간할 수 있어야 한다. 사람들이 단순한 호기심이나 남 얘기하는 재미 때문에 듣고 싶어 하는 이야기들은 이 시대의 흘러넘치는 미디어 홍수가 얼마든지 제공하고 있다. 그렇게 그냥 알고 싶은 마음이 시민의 알 권리라는 이름으로 막강한 힘을 행세하기도 한다. 뜬소문을 퍼뜨리는 것은 인간의 권리가 아니다. 오히려 인간의 사랑과 지혜를 기르는 데 장애가 될 뿐이다. 바울로는 그것을 이른바 '대죄'(大罪)의 목록에 첨부한다(로마 1:29-31). 그런데도 대부분의 우리가 아주 쉽게 그 짓을 하고 있다.

내가 고해신부 훈련을 받을 때 지혜로운 프란치스칸 수도자 한 분이, 누구에게도 이른바 '양심고백'을 요구해서는 안 된다고 말했다. 고해신부를 포함하여 다른 사람들은 몰라도 되는, 몰라야 하는, 그런 일이 있는 것이다. 사건을 자세히 들여다보거나 불필요한 질문을 하는 것은 당사자의 치유를 위해서 또는 그를 돕기 위해서라기보다 본인 자신의 병적인 호기심을 채우기 위해서일 경우가 많다. 우리는 온갖 중상과 비방, 성급한 판정, 나쁜 의도들에서 사람들을 보호하기 위해 이 진실을 알고 가르쳐야 한다. 바로 이 때문에 AA의 명칭에 '익명'이라는 단어가 들어 있는 것 아니겠는가?

끝으로, 진실과 진실-말하기와 속임수(기만)에 대해 한 마디 덧붙인다. 진실은 단순히 "일어난 일"에 그치지 않고 당신이나 어떤 집단이 알아야 하는 무엇, 그리고 책임성 있게 다룰 수 있는 무엇이다. 중독자, 동성애자, 혼전 임신부, 유전 질환을 앓는 이 등은 그들의 속사정을 잘 알아야 할 사람들이 있지만, 알 필요가 없는 사람, 알면 안 될 사람들(그것을 악용할 사람들)도 있다. 이 나라 정부도 자기한테 불리한 증언을 거부할 권리를 "법률 제5조 수정"에서 인정한다. 낯선 사람에게 "우리 엄마 집에 없다."고 말하는 것은, 사실로만 따지면 거짓말이지만, 좀 더 깊은 차원에서 보면 "당신을 만나고 싶은 엄마가 집에 없다!"는 진실을 말하고 있는 것이다. 고해성사에서 우리는 그것을 "정신적 은닉"(mental reservation)이라고 부르거니와, 때로 그것은 그냥 괜찮은 일일 뿐 아니라 당사자와 고해신부를 위해서 그리고 그것을 알고 싶어 하는 많은 사람들을 위해서 오히려 바람직한 일이기도 하다. "모든 것을 모든 사람이 알 권리는 없다." 이것은 우리 문화가 슬기롭게 배워야 할 도덕적 원리다.

세련된 보상이란 그냥 보상하는 것이 아니라 "다른 사람들을 해치지 않는 선에서" 보상하는 것이다. 진실이란 단순한 실체적 사실이 아니다. (이 점에서 근본주의자들은 잘못 생각하고 있다.) 그것은 텍스트와 콘텍스트, 형식과 내용의 결합이다. 이웃에 관한 모든 진실을 알 권리가 있다는 그릇된 생각은 온갖 선입견과 편견과 정신 질환을 지닌 이들에게 먹이를 주고, 그 결과 "짐작되는 사실"에 근거한 일그러지고 비뚤어진 오해와 낭설이 마구 생산된다. 나는 교도소와 보호시설 등에서, 성난 정치인들과 선정적인 저널리즘에 의해 조작된 정보와 여론의 인민재판으로 정죄당한 사람들을 많이 만났다. 그것은 무고한 사람의 명예와 인권과 영혼을 해치는 일종의 포르노 영화다.

"열두 단계"는 두 가지를 말한다. 직접 보상하는 일과 다른 사람들을 해치지 않으면서 보상하는 일이 그것이다. 지나친 열정으로 모든 사람 무릎에 콩 자루를 엎지르는(비밀을 털어놓는) 것은 대개 새로운 문제를 만들어낼 따름이다. 많은 사람이 쏟아지는 정보들을 지혜롭게 받아들이는 적절한 여과기를 지니지 못한 채 살아간다. 그래서 자주 그것들을 오용하는 줄도 모르면서 오용하는 것이다. 심지어 진지하고 심성이 착한 사람들조차 잘 해석하여 받아들일 준비가 되지 못한 채 받아들인 정보로 인하여 진실하지도 않고 도움도 되지 않는 성급한 판단을 내려 본인 자신과 남들에게 상처를 입히곤 한다.

아빌라의 테레사 성인이 "주님, 거룩한 성자들로부터 저를 지켜주십시오!"라고 기도한 게 그래서였으리라. '제9단계'가 시방 그것을 말하고 있는 것이다.

제10장

이것은 과잉 아닌가?

개인적인 잘잘못에 대한 조사를 계속하면서 우리 잘못이 밝혀졌을 때는 즉각 시인하였다. — 10단계

뉘 있어 제 허물을 다 알리까?
모르고 짓는 죌랑 말끔히 씻어주소서. — 시편 19:12

이방인들에게는 율법이 없습니다. 그러나 그들이 본성에 따라서 율법이 명하는 것을 실행한다면 비록 율법이 없을지라도 그들 자신이 율법 구실을 합니다. 그들의 마음속에는 율법이 새겨져 있고 그것이 작용하고 있다는 것을 알 수 있습니다. — 로마 2:14-15

예수께서 세 번째로 "요한의 아들 시몬아, 네가 나를 사랑하느냐?" 하고 물으시자 베드로는 세 번이나 예수께서 "나를 사랑하느냐?" 하고 물으시는 바람에 마음이 슬퍼졌다. 그러

나 "주님, 주님께서는 모든 일을 다 알고 계십니다. 그러니 제가 주님을 사랑한다는 것을 모르실 리가 없습니다." 하고 말하였다. 그러자 예수께서 "내 양들을 잘 돌보아라." 하고 분부하셨다. ― 요한 21:17

처음 '10단계'를 읽을 때 나는 이렇게 말하고 싶었다. "흠, 그러니까 뭔가 좀 더 적극적인 자세를 갖추라는 건가? 바야흐로 끝없는 양심성찰이 시작되는 느낌인데, 사람들이 마냥 자기 배꼽을 내려다보게 생겼군." 나는 지금도 그것이 어떤 사람에게는 위험한 일이라고 믿는다. 우리 종교 역사가 그동안 인간의 죄의식과 수치심을 지나치게 강조해왔고 그래서, 어떤 사람이 "전망논리"(vision logic)라고 말한, 좀 더 넓고 긍정적인 동기부여를 받아들일 수 없게 만들었다고 나는 생각한다. 예수의 은유와 가르침은 당신이 "하느님 나라"라고 부르면서 끊임없이 언급한 긍정적 전망에 관한 것이었다. AA 교재를 쓴 빌 윌슨(Bill Wilson)에겐 그것이 "생생한 영적 체험"이었다. 예수와 빌 윌슨 두 사람이 강조한 것은 **"부정적 위협"**이 아니라 **"긍정적 약속 또는 초대"**였다. 나로서는 이것이 매우 중요한 문제다. 자칫하면 우리의 영적 여정이 두려움에 근거하여 문제를 해결하는 쪽으로 어긋날 수 있기 때문이다.

나는 날마다 철저한 양심성찰(examination of conscience)을 요구하는 엄숙한 예수회 전통을 배웠다. 물론 그것은 선한 의도에서 나온 요구였고 웬만큼 효력도 있는 것이었다. 하지만 나는 성숙한 양심을 지닌 어른들이 의례적으로 또는 너무 지나치게 그러는 것을 보았다. 최근에 이르러 적지 않은 예수회 수도자들이 '양심성찰'을 '의식성찰'(examination of consciousness)로 대체하자고 말하는데, 내게는 훨씬 효과적인 것으로 여겨진다. 내가 '10단계'를 가르친다면 이 점을 강조하겠다. 그리고 그것은 기도와 명상을 언급하는 '11단계'로 자연스럽게 옮겨간다. 이제부터 '의식'에 대하여 좀 더 생각해보자.

영혼인 의식

의식은 모든 것 안에서, 그리고 그 사이에서, 모든 것을 포용하는 미묘한 신비다. 우리가 숨을 쉬면서 그것이 거기 있음을 알아보지 못하는 공기와 같다. 의식은 "보는 것"(seeing)이 아니라 "보는 나를 보는 것"(that which sees me seeing)이다. "아는 것"이 아니라 "내가 아는 것을 아는 것"이다. "관찰자"가 아니라 "관찰하는 나를 관찰하는 것"이다. 당신이 참으로 깨어나기 위해서는 당신 자신에 대한 집착과 강박에서 물러나야 한다. 의식은 "그냥 나"(just me)일 수 없다. 일정한 거리에서 '나'를 볼 수 있어야 하기 때문이다. 심리학자 켄 윌버(Ken Wilber)는 그것을, "우리의 모든 인식을 밑에서 받쳐주는 '존재'에 대한 단순한 느낌"(the simple feeling of Being)이라는 아름다운 말로 설명한다. 그러나

너무 단순하고 미묘하고 늘 거기 있어서 오히려 그것을 느끼기
어렵다는 말을 나는 덧붙이고 싶다. '의식'은, '영혼'(soul)을 서술
하기 어려운 만큼, 서술하기 어려운 무엇이다. 어쩌면 둘이 같은
것 아닐까?

의식은 내 느낌을 알고 있다. 따라서 내 느낌 자체가 의식은
아니다. 누가 또는 무엇이 알고 있는가? 대부분 사람들이 그것을
알지 못한다. 자기 생각, 느낌, 인식을 자기와 동일시하기 때문
이다. 왜 많은 신비주의 성인들이 집착하지 말 것을 그토록 강조
했는지 알 만하다. 그러지 않고서는 아무도 영혼의 차원으로 옮
겨갈 수 없기 때문이다. 마이스터 에크하르트는 집착하지 않는
것이 우리가 할 일의 전부라고 말했다. 초기 프란치스칸 수도자
들도, 비록 그것을 '가난'이라는 말로 부르긴 했지만, 그것 아닌
다른 무엇을 말하지 않은 것 같다. 우리가 사는 이곳은 가난이나
집착 없음을 높이 평가해주는 세상이 아니다. 오히려 사회의 훈
련과 관습에 의하여 우리는 지금 소비자로 살아간다. 하필 '중독'
을 문제 삼아서 우리 이야기를 하게 된 이유도 바로 여기에 있
다! 적절하게 초연한 사람들(중독자 아닌 사람들)한테서는 더
깊은 의식이 자연스럽게 살아 있다. 그들은 자기 영혼—가장 깊은
자아—을 보면서 동시에 자기 너머에 있는 더 큰 앎(a Larger
Knowing)으로 가까이 다가간다. 이는 신비스럽고 다양한 얼굴을
지닌 우리 영혼에 대한 설명들 가운데 하나다. 사람들의 영혼을
내세에 구원해주려고(그것도 자기가 그러는 줄 모르면서!) 애쓰
기보다, 사람들이 자기 영혼에 깨어나도록 도와주는 것이 훨씬

값진 일이다.

그대로 복종하기만 하면, 그렇다, 그대로 따르기만 하면, 의식은 우리 속 깊은 데서 영혼의 지혜를 가르치는 슬기로운 교사가 될 것이다. (예레미야 31장 33절과 로마 2장 15절은 그것을 "가슴에 새겨진 율법"이라고 부른다.) 그것을 "내면의 목격자"(Inner Witness)라고 부른 사람이 있거니와 그리스도인들이 '성령'이라고 부르는 게 그것이라 하겠다. 그것은 하느님이 물질화 작업에 착수한 첫 번째 순간인 '빅뱅'(창세기 1:2) 이래로 피조물 위를 휘덮고 있다. 빅뱅 또는 "우주 성육신"(cosmic incarnation)이 있은 지 140억 년쯤 뒤에 같은 성령이 유대인 처녀 마리아를 휘덮었고, 그렇게 그리스도인들이 예수 안에서 이루어졌다고 믿는 "인간 성육신"(human incarnation)이 발생한 것이다(루가 1:35). 우리 자신이 하느님의 자녀로서 영이 충만한 성육신임을 믿기 어려운 그만큼 사람들에게는 예수가 하느님의 아들임을 믿기가 어려운 일이었다. 그러나 예수만이 하느님의 유일한/배타적인 아들이 아니다. 그는 언제 어디서나 영원한 진실을 보여주는 하느님의 포용적인 아들이다. (예수 혼자서만 하느님의 아들인 게 아니라 모든 사람이 하느님의 자녀임을 보여주는 하느님의 아들이라는 뜻 - 역자주.) 바울로는 이 진실을 "그리스도와 함께 상속받은 사람"(로마 8:17), 하느님의 "입양된 자녀"(갈라디아 4:5)라는 말로 미묘하게 설명한다.

그런즉 영혼(soul), 의식(consciousness), 성령(the Holy Spirit)을 한 차원의 동일한 무엇으로 봐도 되겠다. 그것은 언제나 나보다 크고 자신을 나눠주고 그리고 영원하다. 그래서 예수는 우리에게 당신의 성령을 '주겠다'고 하셨거니와 그것은 당신의 '의식'을 우리와 나누겠다는 뜻이다. 그렇게 해서 영혼이 깨어난 사람은 실제로 "그리스도의 생각"(1 고린토 2:16)을 가진 것이다. 이는 그가 심리적으로 도덕적으로 완전한 사람이 됐다는 뜻이 아니다. 하지만 그렇게 바뀐 사람은 그 뒤로 더 자애롭고 폭넓은 안목으로 세상을 본다. 바울로는 그것을 두고 "마음과 생각이 새로워진다"(에페소 4:23)고 말한다. 바로 그거다!

예수는 이 옮겨 심어진 성령을 "너희와 함께 사시며 너희 안에 계시는"(요한 14:17) '협조자'(Advocate, 요한 14:16)라고 부르신다. 그는 우리로 하여금 예수의 삶과 같은 삶을 살게 하고, 다른 모든 것들과 하나 되게 한다(요한 14:18-20). 나아가 이 "진리의 성령"은 "모든 것을 너희에게 가르쳐주실" 뿐 아니라, 예수가 한 말을 "되새기게 해주실" 것이다(요한 14:26). 이것은 "비밀스러운 내적 근원"(Secret Inner Source)에 근거한 삶에 관한 이야기다. 너무나 좋은 소식이라서 믿기 어려울 정도다. 그래서 우리는 그것을 믿지 않았다!

이 상실과 슬픔이 어느 사순절 기간 동안 나를 이끌어 이 숨겨진 성령의 신비를 예순다섯 개 이름으로 "성령의 연속 기도" 속에 열거하게 만들었다.[1) 나에게 그것은 우리 모두 나눠 가진 "내면의 사랑어린 의식"(a Loving Inner Consciousness)에로의 귀환이었다. 그러나 우리는 그에 의존하거나 그의 안내를 받도록

---

1) Rohr, *The Naked Now*, Appendix 3, p. 168. 역자주: 하나님의 순수한 선물, 심겨진 율법, 내주하는 현존, 예수의 삶, 하나님의 뜻, 신적인 DNA 등이다.

배우지 못했다. 오히려 대부분 교회들이 성령을 보상으로, 즉 성경을 필사하거나 주교의 안수를 받는 등 무슨 특별한 일을 했을 때 본인 자신의 선행에 대한 보상으로 성령을 받게 된다고 암암리에 가르치고 있다. 우리는 그동안 성령이 일하는 시간을 엄격하게 제한하였고, 우리를 지켜주시는 하느님의 현존을 그분의 중추적인 역할 밖으로 내몰았다. 결국 우리는 고아들처럼 버림받았는데, 예수는 우리를 고아들처럼 버려두지 않겠다고 분명히 말씀하셨다(요한 14:18). 어쩌면 고대 독일어에서 비롯된 '성신'(Holy Ghost, geist)이라는 말이 그동안 일어났던 혹은 일어나지 않았던 일을 제대로 표현한 것일지 모르겠다. 성령이 눈에 보이지 않는 유령 또는 생각하는 마음으로 둔갑한 것이다.

슬프게도 의식, 영혼, 성령이 개인의 차원에서나 공동의 차원에서나 우리에게 **무의식**(unconsciousness)이 되었다! 우리가 성령을 "복되신 삼위일체의 실종된 위격"(missing person of the Blessed Trinity)이라고 부르는 것은 하나도 이상할 게 없다. 그리고 이 "**근본적 단절**"(radical disconnectedness)을 여러 가지 중독으로 메우려 하는 것도 이상한 일이 아니다. 이른바 원시인이라 불리는 사람들이 현대인들보다 내면의 영에 훨씬 가까이 접하여 살았다는 증거는 얼마든지 있다. 영국의 시인이자 철학자인 오웬 바필드(Owen Barfield)는 그것을 "원초적 참여"라 불렀거니와, 많은 고대 원시인들이 만물―해와 달과 별들은 물론 땅, 동물, 식물, 공기 등―의 영적 차원에 날마다 접속하여 살았던 것 같다. 성 프란체스코가 즐겨 그렇게 불렀듯이 모두가 우리의 형제요 누이였다. 만물이 '영혼'을 지녔고, 그 영성이 진지하게 그리고 자연스럽게 인정받았다. 하지만 이제 우리는 더 이상 그런 의식을 지니거나 즐기지 않는다. '마법'에서 벗어난 대부분 현대인에게 그것은 미신으로 간주되며, 삼라만상은 우리들 대부분에게 외로운 우주가 되었다. 급기야 "집단 무의식"이란 말을 하게 되었는데 요즘 그 의미가 새롭게 해석되고 있다. 진실로 우리는 서로 단절되어 있고, 그래서 피차간에 무의식이다. 하지만 종교(religion)의 가장 중요한 임무는 우리를 '전체'에 그리고 '서로'에 재접속(re-ligio)시키는 것이다. 그동안 우리는 이 임무를 제대로 감당하지 않았다.

우리 모두 하느님의 신성한 자녀들

그러므로 날마다 "의식을 성찰함"은 참으로 잘하는 일이라 하겠다. 우리 안에 있는 이 깨닫는 이(inner knower)에 관한 깊은 통찰을 바울로가 보여준다. 그는 그것을 "그리스도의 생각"(1고린토 2:16)이라고, "마음속의 율법"(로마 2:15)이라고 부르는데, 그것은 우리가 하나인 성령 또는 의식 안에서 유산으로 나누어 가진 것이다. 다른 곳에서 바울로는 우리들 자신과 하느님이 모두 "공동 증언"을 하고 있다고, 즉 우리의 신적인 정체성—하느님의 자녀들, 상속자들, 그리스도와 공동상속자들(로마 8:17)로서의 정체성—에 대해 "공동 증언"을 하고 있다고 말한다.[2] 자기 안에 있는 이 증인을 더 이상 신뢰하지 않을 때 우리는 **우리가 예수와 같은 신분(정체성)**이라는(1 요한 3:1-2; 2 베드로 1:4) 복음의 중심 메시지를 믿지 않는 것이다. 이 비극적 공백을 메우려고 우리가 취하는 여러 중독들, 불안감과 낮은 자존감을 치료하려면 무엇보다 자기 안에 있는 증인을 신뢰할 필요가 있다.

지혜롭게도 '10단계'는 지나친 자아몰입이나 자아비판으로 되고 마는 "도덕적 자기성찰"(moral inventory)을 강조하지 않는다. 대신에 "개인적 자기성찰"을 말한다. 달리 말하면, **그냥 너 자신을 조용히 객관적으로 자비심을 품고서 바라보라**는 거다. 하느님의 든든한 자녀로서 당신은 새로운 관점으로 그렇게 볼 수 있다. "성령께서도 연약한 우리를 도와주십니다. 어떻게 기도해야 할지도 모르는 우리를 대신해서 말로 다 할 수 없을 만큼 깊이 탄식하시며 하느님께 간구해주십니다"(로마 8:26). 이토록 긍정적이고 고상한 자리(위치)에서 당신은 자기 잘못을 놓아버릴 수 있고 나아가 쉽게 용인할 수도 있다. 너무나 강하게 그리고 깊게 성령한테 붙잡혀 있어서 당신은 자기를 더 이상 집착하거나 방어하지 않아도 된다. 하느님은 우리 안에 있는 그리스도를 보시고 영원히 사랑하신다. 하느님의 자녀인 우리 자신의 신성한 정체성을 의심하는 건 오직 **우리뿐**이다.

이제 우리에게는 옮겨 심어진 자리와 거기서 오는 힘이 있다. 자기 자신을 끝없이 후벼 파고 명찰을 만들어 달아주고 판단하지 않으면서, 본인의 부족함을 탓하지 않으면서, 조용히 그리

---

2) Michael Christensen, ed., *Partakers of the Divine Nature* (Teaneck, N.J.: Farleigh Dickinson University, 2007).

고 자비로운 눈으로 자기를 바라볼 수 있게 되었다. "판단하지 말고 그냥 보라." 이것이 우리의 모토일 수 있다. "하느님의 눈으로, 그렇게!" 이것이 우리 의식을 깨울 것이고 그러면 일들이 겨자씨 같은 용기와 지혜만으로도 스스로 풀려나갈 것이다. 인도 태생 예수회 신부인 앤소니 드 멜로는 자주 말한다. "깨어남, 깨어남, 깨어남!" 일단 우리 자신의 타고난 존엄성을 분명하게 깨달으면, 악과 중독의 게임이 무너지기 시작한다. 악은 제 길을 가기 위하여 언제나 거짓 꾸밈에 의존한다. 광야에서 "네가 하느님의 아들이거든"이라는 말로 예수를 유혹하던 사탄처럼, 악은 우리의 상속받은 신성을 의심하게 한다. 일단 그것을 의심하면 우리는 중독과 미망(迷妄)으로 굴러 떨어져 쉽게 악을 범하고, 그러면서 악을 악으로 알지도 못한다. 상속받은 신성에 설 때 우리는 어렵지 않게 '10단계'를 밟으며 조용히 "개인적 자기성찰"을 하고 "자기 잘못을 즉시 인정할" 수 있게 된다. 자기가 누군지를 아는 사람이 자기가 누가 아닌지를 쉽게 안다.

우리가 자신이나 남에게 어리석고 잔인하고 악하고 파괴적인 행동을 할 때는 틀림없이 깨어 있지 못했거나 자기 신성을 의식하지 못했을 때다. 의식이 충분히 깨어 있으면 결코 그런 짓을 하지 않는다. 사랑하는 사람들은 언제나 의식이 밝게 깨어 있는 사람들이다. 마약이나 술 따위에 의존하는 것은 의식을 잠재우는 것이다. 아내나 남편과 침상에서 사랑을 나누기 위해 술을 마셔야만 한다는 딱한 사람들을 간혹 본다. 말이 안 된다. 의식을 잃었을 때, 그래서 맑게 깨어 있지 못할 때 할 수 없는 것이 바로 사랑이기 때문이다.

온전히 깨어 있기란 어느 수준에서 그리고 어떤 방법으로는 모든 것을, 자기 허물까지도, 사랑하기라 하겠다. 무엇을 사랑하는 것은 그것에 온전히 깨어 있는 것이다. 그것은 비(非)이분법적이고 모든 것을 남김없이 포함한다. 심지어 "마지막으로 물리치실 원수는 죽음입니다"(1 고린토 15:26)까지도 포함한다. 하느님이 마지막으로 사랑하시는 원수가 죽음이라는 말이다. 우리가 사랑해야 하는, 그것도 절대적으로 사랑해야 하는 이유가 여기에 있다.

원수까지 사랑해야 한다고 예수가 말씀하시지 않았는가? 우리의 '원수들'인 자기 죄와 부족함까지 사랑할 수 있을 때, 그때 우리 의식은 맑게 깨어나고 우리는 온전히 해방된다. 우주의식 자체인 하느님은 모든 것을 있는 그대로 아시고, 모든 것을 있는 그대로 흡수하시고, 모든 것을 있는 그대로 용서하신다. 예수가 우리에게 원수를 사랑하라고 명하시는 것은 하느님도 똑같이 그렇게 하시는 줄을 알라는 뜻이다. 이 얼마나 큰 기쁨이요 희망인가! 덕분에 우리는 자신의 허물을 아무 두려움 없이 용납할 수 있게 되었다.[3]

---

[3] 편집자주: 토머스 머튼은 『칠충산』에서 이렇게 말한다. "혹독한 수치심을 느끼는 것은 교만이기 때문이다. 하느님의 사랑으로 영혼 안에서 온갖 교만과 자애심이 소진된 후에라야 우리는 비로소 이러한 질곡에서 구원되어 과거의 죄악 때문에 고통이나 괴로운 수치를 당하지 않게 된다. 성인들은 자기 죄악이 회상될 경우, 그 죄악을 기억하지 않고 하느님의 자비를 기억한다. 따라서 과거에 범한 죄악까지 현재 기쁨의 원인으로 변하고 하느님께 영광을 드리는 데 이바지한다. 지옥의 무서운 겸손과 함께 소멸되어야 할 것은 교만이다. 우리가 현세에 살고 있는 한, 지독한 번민마저 은총으로 변할 수 있고 따라서 기쁨의 원인이 될 수 있다."(pp. 604-605)

만일 주님이 원하시지 않으셨으면
무엇이 스스로 부지할 수 있겠으며
그분이 불러주시지 않은 것이
어떻게 스스로 연명할 수 있겠는가?
생명을 불러주시는 주님은,
모든 것이 그분 것이기에 모든 것을 용서하신다.
주님의 불멸의 정기는 만물 안에 들어 있다.
그러므로 주님은 죄짓는 자들을 조금씩 고쳐주시고
그들이 죄지은 것을 일깨워주시며 타이르시어
그들로 하여금 악에서 벗어나 주님을 믿게 하신다.
― 지혜서 11:25-12:1

제11장

새 마음, 새 사람

오직 우리를 향한 하느님의 뜻이 무엇인지를 알고 그것을 실천할 힘을 달라고 기도하면서, 기도와 명상으로 우리가 이해한 하느님과의 깨어 있는 접속을 시도하였다. — 11단계

너희는 멈추고 내가 하느님인 줄 알아라.
— 시편 46:10

옛 생활을 청산하고 정욕에 말려들어 썩어져가는 낡은 인간성을 벗어버리고 마음과 생각이 새롭게 되어 하느님의 형상대로 창조된 새 사람으로 갈아입어야 합니다.
— 에페소 4:22-23

다음날 새벽 예수께서는 먼동이 트기 전에 일어나 외딴 곳으로 가시어 기도하고 계셨다.
— 마르코 1:35

이제부터 '11단계'에서 잘 밝혀진 매우 중요한 사실을 말하겠다. 빌 윌슨이 현명하게 '명상' 곁에 나란히 놓은 '기도'는 삶을 전개하는 전혀 다른 방식을 표현하는 암호 같은 단어다. 사람들이 "기도한다"고 말할 때 그 뜻은, 한 가지 "생각하는 모자"(thinking cap)를 벗고 다른 "생각하는 모자"를 써서 에고 중심 관점에서부터 영혼 중심 관점으로 옮겨가는 것이다. 캐나다인 저술가 말콤 글래드웰(Malcolm Gladwell)은 "생각하지 않는 생각"이라는 말을 썼거니와, 그것은 결코 무엇을 '생각'하는 게 아니다.

나는 첫 번째 관점을 "계산하는 마음"(calculating mind)이라 부르고 두 번째 관점을 "묵상하는 마음"(contemplative mind)이라 부른다.[1] 이 둘은 서로 전혀 다른 소프트웨어다. 앞의 것은 언제나 통제하는 것으로서 당신의 유일한 하드웨어로 되기 때문에, 당신은 기도하는 법을 철저하게 배워야만 한다. 제자들이 예수에게 "기도하는 법을 가르쳐주십시오"(루가 11:1)라고 한 것이 그래서다. 기도하는 법을 배우지 않으면, 그래서 바울로가 말한 대로 마음과 생각이 새롭게 되어 하느님의 형상대로 창조된 새 사람으로 갈아입지 않으면, 당신은 인생의 다섯 가지 중대사(사랑, 죽음, 고통, 하느님 그리고 영생)를 부적절한 소프트웨어로 처리할 것이고, 그것은 당신을 멀리까지 나아가게 못할 것이다.

이처럼 기도를 통해 우리의 수신 채널을 바꾸는 법(우리의 에고 중심적 렌즈를 바꾸는 법 또는 우리의 유일한 에고 중심적

---

1) Richard Rohr, *Everything Belongs* (New York: Crossroad, 1999).

하드웨어를 다른 소프트웨어로 바꾸는 법 - 역자주)을 배우지 못한 까닭에, 많은 사람들이 자기 인생의 중대사를 제대로 처리할 수 없게 되면 신경이 날카로워져서 화를 낸다. 사람은 수신 채널을 교체하면서 자기가 물러나는 아픔을 겪어야 한다. 기도하는 법을 배우기 위하여 몇 가지 선제 '작업'을 해야 하는 이유가 여기 있다. 서양인들이 불교에 대한 편견을 버리면, 진실한 불자들이 "생각하는 모자"를 교체하는 일에 훨씬 정직하고 세련되어 있음을 인정하지 않을 수 없을 것이다.

첫 번째 "계산하는 마음"은 자기 자신의 욕구와 상처, 분노, 기억이라는 렌즈를 통해서 모든 것을 본다. 그것은 너무 작은 렌즈라서 무엇을 진실하게 지혜롭게 깊이 볼 수 없다. 대부분 사람이 사물을 있는 그대로 보지 않고 자기가 보고 싶은 대로 본다는 사실은 당신도 알 것이다. 그래서 많은 영성 전통과 종교들이 어떤 형태로든 기도하는 법을 가르쳐왔다. 그러나 가장 진실한 기도는 항상 다르게 생각하고 바라보며 살아가는 체계이다. 하지만 많은 그리스도인들에게는 기도가 경건한 수련 또는 연습 정도로 그쳐, 자기중심적 위치에서 여전히 낡은 마음으로 드리는 기도가 되었다. 이런 수련이, 어쨌든지 간에, 하느님을 '기쁘시게' 해드리는 것으로 받아들여졌다. 마치 하느님은 당신에게 말씀을 드리는 우리가 필요하셨던 셈이다. 그동안 우리에게는 속수무책으로 막다른 골목에 처했을 때 드리는 것이 기도였다. 하지만 그것은 좀 더 온전하고 훌륭한 사진을 찍기 위하여 우리의 렌즈를 적극적으로 넓혀주는 그런 기도가 아니었다.

11장. 새 마음, 새 사람

하느님이 당신을 바꾸시게 해드려라

이른바 '기도'를 드릴 때에도 당신과 당신의 상처, 요구, 관점 등이 여전히 기도의 중심자리를 차지한다. 그러나 이제 당신은 당신 안에 있는 "큰 능력"(a Major Power)이 당신의 결심을 도와줄 수 있게 초대하기로 작정하였다. 하느님은 당신이 원하는 것을 얻게 도와주실 수 있다. 하지만 여전히 그것은, **당신이 참으로 원하는 바가 무엇인지를 스스로 알게**(루가 11:13; 마태오 7:11) 도와주시는 하느님의 훨씬 좋은 역할을 대신하는, 자기중심적 욕망의 투사다. 당신의 렌즈를 키워 인생 스크린을 넓히는 일은 시간이 걸리게 마련이다. 화면이 더 밝고 선명하도록 스크린을 넓히려면 한 동안 스스로 물러나는 아픔을 겪어야 한다. 그것은 기도하는 법, 즉 "**머리**(mind)는 비우고 **가슴**(heart)은 채우는" 법을 배우는 과정이다. 이것이 한 마디로 옹글게 표현된 "기도의 모든 것"이다!

기도를 처음 시작할 때에는 있다가 사라지는 "작은 나"를 버리지 못한다(마르코 8:34). 그래서 아직은 "그리스도의 큰 몸"(Great Body of Christ)이 드리는 무한 기도가 아니다. 승리하고 성공하고 통제하려고 애쓰는 "작은 몸"이 하느님께 도움을 청하는 유한 기도다. 하느님은 그런 기도를 곧장 들어주시지 않는다. 왜냐하면 우리는 미처 모르지만, **그것들이 대개는 잘못된 자아에서 나오는 잘못된 요청**이기 때문이다.

한 마디로, 기도는 하느님을 바꾸려는 게 아니라, 하느님이 우리를 바꾸시게 해드리는 것이다. 또는 '11단계'가 말하듯이, "우리를 향한 하느님의 뜻이 무엇인지를" 알아보는 것이다. 그래서 참된 기도는 언제나 응답된다고(마태오 7:7-11) 예수가 말씀하신 것이다. 그렇다, 당신이 당신 마음을 그리스도의 마음에 일치시키면, 당신의 기도는 이미 응답된 것이다! 그렇게 새로워진 마음은 모든 것을 바르게 넓게 슬기롭게 이해하고 보고 받아들인다. 그 기도가 언제나 응답받는 이유는 그것이 사실상 하느님의 기도이기도 하기 때문이다.

참된 기도는 항상 '누가' 기도하는지를 올바로 찾는 것이다. 시방 기도를 하고 있는 게 누군가? 당신인가? 당신 안에 계시는 하느님인가? 작은 당신(little you)인가? 아니면 그리스도 의식(Christ Consciousness)인가? 묵상하는 마음의 기도는 큰 포도나무(요한 15:4-5), 깊은 우물(요한 4:10-14)에 거하는 "큰 나"(Great I AM)한테서 나오는 기도다. 바울로는 말한다. "여러분의 참 생명은 그리스도와 함께 하느님 안에 있어서 보이지 않습니다. 여러분의 생명이신 그리스도가 나타나실 때에 여러분도 그와 함께 영광 속에 나타나게 될 것입니다"(골로사이 3:3-4). 이보다 더 완벽할 수는 없다! 바야흐로 당신은 그리스도와 함께 하느님 안에 있는 참 생명이다. 참 기도는 "**신성한 참여**"(divine participation) 안에서, 언제나 거기 계시는 하느님의 일에 당신이 동참하면서, 이루어지는 무엇이다.

이제 당신은 "생각하는 모자"를 바꿔 쓰는 '기도'가 왜 중요한

지 그 이유를 알 것이다. 먼저 생각하는 마음(머리)이 달라져야 느낌(가슴)과 행동(손발)이 따라서 달라지기 때문이다. 생각하는 마음(mind)이 몸의 정상적인 통제탑(control tower)이다. 그런 까닭에 먼저 교육을 받아야 한다. 정신치료학에서도 이 사실을 인정하고 있다. 모든 묵상과 명상수련이, 사람 마음의 달라붙으려는 성질을 인식하고 그것을 상대화하는 구체적 프로그램에 주목한다. 사람의 작은 마음으로는 진정한 큼(Bigness)과 새로움(Newness)을 담을 수 없거니와 하느님은 언제나 크고 언제나 새로운 분이시다. 거의 모든 중독자들이 "전부 아니면 전무"라는 흑백 사고의 틀에 갇혀 있다. 물론 나는 이런 이분법적 사고가 과학이나 수학 또는 왼쪽 오른쪽으로 방향을 잡아야 하는 일상생활에 필요한 합리적 사고라고 생각한다. 하지만 그것 가지고는 인생의 다섯 가지 중대사인 하느님, 죽음, 고통, 사랑 그리고 영생에 접근할 수 없다는 사실도 알고 있다.

 나는 지금 여기서 단순하게 기도의 심리학적 의미를 논하려는 게 아니다. 전혀 그렇지 않다. 그런 일로 낭비할 시간이 없다. 예수가 "기도할 때에 골방에 들어가 문을 닫고 보이지 않는 네 아버지께" 기도하라고 말씀하신 것도 우리에게 같은 충고를 하신 것이다. 유대인들의 가옥구조는 대개 원룸으로 되어 있다. 따로 골방이 없다. 따라서 당시 사람들은 그가 말씀하시는 '골방'이 인간의 내적 자아(inner self), 오늘 우리가 '무의식' 또는 '잠재의식'이라고 부르는 인간의 내밀한 장소를 가리킨다는 사실을 알았으리라. 예수가 '은밀한'이라는 단어를 진리가 밝혀지기를 기다리는 곳, 우리 모두에게 감추어져 있는 곳에 연관시켜 사용하시는 이유도 그래서다. 거기는 하느님이 그 안에 거하시는 곳이요 하느님이 사람의 기도를 들어주시는 곳이다(마태오 6:6).

예수는 이어서 "기도할 때에 이방인들처럼 빈말을 되풀이하지 말라"고 하신다. 말로 하는 기도 아닌 어떤 기도를 가리키는 것이다. 나는 그것을 "**침묵 기도**"라고 부르겠다. 예수의 제자들이 말로 하는 기도를 가르쳐달라고 부탁한 사실은 역으로 그가 그때까지 그런 기도를 가르치지 않았음을 시사한다! 집단은 정체성을 지키기 위해서 자기들의 공동기도를 가진다. AA의 "청명기도"(Serenity Prayer)가 그것이다. 예수의 제자들은 "요한이 자기 제자들에게 가르쳐준 것 같이 저희에게도 기도를 가르쳐주십시오"(루가 11:1)라고 청했다. 오늘 우리가 "주님의 기도"로 알고 있는 것이 그렇게 집단의 요구에 의하여 만들어진 것이다.

하지만 솔직해지자. **예수 자신은 기도하실 때 침묵 속으로, 자연 속으로 들어가되 대개는 홀로 들어가시어 기도하신다**(루가 3:21; 5:16; 6:12; 9:18, 28-29; 11:1; 22:41). 우리가 이 사실을 간과하는 것이 오히려 놀랍다. 주일미사와 기도모임에서의 공동기도를 강조하다보니, 자연 속에서 침묵으로 하는 기도는 예외적이고 특별한 기도가 되고 말았다. 13세기 이후로는 아무도 우리에게 홀로 있을 때 자기 마음을 가지고 무엇을 할 것인지에 대해 체계적으로 가르쳐주지 않았다.[2] 그리하여 찬송, 독경, 기도문 낭송이 주일예배의 중요순서를 차지하게 되었거니와, 실제로 예수

---

2) Rohr, *The Naked Now*, pp. 105ff.

당시에는 보기 어려운 것들이었다.

'11단계'를 가장 잘 밟을 수 있도록 우리를 도와주는 것이 자기를 있는 그대로 하느님께 내어드리는 침묵 기도다. 아마도 그래서 빌 윌슨이 당시 그리스도인들에게 낯설었을 '명상'이라는 용어를 여기에 덧붙여 썼을 것이다. 그가 옳았다. 묵상기도 또는 명상만이 우리의 '무의식' 속으로 들어가 그것을 건드리고 치유할 수 있기 때문이다! 거기는 온갖 쓰레기들로 가득 찬 곳이지만, 아울러 하느님이 숨어 계시면서 당신을 나타내시는 '은밀한 곳'이기도 하다. 예수는 오늘도 말씀하신다. "하느님 나라는 바로 너희 안에 있다."

교회의 대부분 기도가 굳어진 형식을 갖추고 바깥에서 오는 반응을 기대하는 까닭에 우리로 하여금 머리를 많이 쓰게 만든다. 날마다 공동기도를 하는 교회에서 신앙생활을 하는 동안 나는 이 사실을 알게 되었다. 많은 사람의 기도하는 동기와 목적이 여전히 바깥세상을 거울에 비추고 있다. 그래서 예수는 말씀하신다. "기도할 때에 위선자들처럼 하지 마라. 그들은 남에게 보이려고 회당이나 한길 모퉁이에 서서 기도하기를 좋아한다. 나는 분명히 말한다. 그들은 이미 받을 상을 다 받았다"(마태오 6: 5). 이 말씀이 그리스도교의 기도 형식에 별 영향을 미치지 못했다는 사실도 나는 놀랍다. 일어서서 기도하는 것이 유대교 회당 안에서는 나쁘고 기독교 예배당 안에서는 괜찮다는 식인가?

마태오복음 6, 7장에서 예수는 기도, 금식, 자선, 옷차림, 돈, 판단, 재물 등 일상의 전반에 걸쳐서 무의식적으로 남에게 보여주려고 하는 우리의 태도를 경계하신다. 이 모든 것이 우리로 하여금 내면으로 깊이 들어가서 진짜 문제를 대면하지 못하도록 가로막는다. 이 점에서 그리스도인들이 다른 사람들과 다를 바가 없다는 사실을 우리는 받아들여야 한다. 그런즉 우리는 이렇게 말할 수 있어야 한다. "어떻게 기도하느냐가 어떻게 사느냐를 결정한다"(lex orandi est lex vivendi). 먼저 안으로 어떻게 사느냐가 나중에 밖으로 어떻게 사느냐를 결정한다. 기도가 밖으로 드러나는 형식에 치중된다면, 그것은 우리를 정직하고 진실하고 견고하게 해주는 내면생활이 부실하다는 반증이다.

예수는 기도하러 "먼동이 트기 전에 일어나 외딴 곳으로"(마르코 1:35) 가셨다. 그것은 공동예배에 참석하는 것보다 훨씬 많은 용기와 신뢰가 요구되는 선택이다. 물론 그분도 회당과 성전의 공동예배에 출석하셨을 테지만 그것은 복음서에 거의 기록되지 않았다. 오히려 그분이 회당에서 성경을 읽고 가르치셨다고 기록하는데(루가 4:16) 그것은 기도와는 다른 행위다. 밖으로 드러나는 형식적 기도의 한계를 그리스도교 아닌 다른 종교들에서도 볼 수 있거니와, 겉으로는 때맞추어 기도모임에 참석하여 열심히 기도하면서도 행실은 조금도 달라지지 않고 여전히 고집불통이다. 루가복음과 마르코복음에 기록된 마귀와 예수의 초대면에서도 이 사실이 밝혀진다. 그 사건이 다른 데가 아닌 '회당'에서 일어났던 것이다!(마르코 1:25-26). 그렇다. 종교에는 분명 중독성이 있다. 이 사실에 대한 많은 연구들이 최근에 이루어져 우리에게 도움을 주고 있다.3) 종교가 종교 모양을 한 악마일 수 있는 것이다. 그보다 쉽게 악마가 숨을 곳이 어디겠는가?

공동기도가 집단을 결속시킬 수는 있다. 그러나 그것이 집단의 가슴과 영혼을 반드시 치유하는 건 아니다. 오히려 거꾸로, 공공의 적과 이단을 공격하는 데 일치단결시키기도 한다. 최근에 나는 이슬람교 남자들이 경건한 기도모임을 마치고 나오는 길로 곧장 적을 향해 분노의 주먹을 휘두르는 장면을 텔레비전에서 보았다. 많은 그리스도교 성직자들이 한평생 거룩한 예배를 집전했으면서도 영적으로는 유치한 미성년으로 남아 있는 것이 딱한 현실이다. 우리 모두 그렇다. "참으로 사람을 더럽히는 것은 사람에게서 나오는 것이다. 안에서 나오는 것은 곧 **마음**(heart, 무의식을 가리키는 당시의 말)에서 나오는 것인데 음행, 도둑질, 살인, 간음, 탐욕, 악의, 사기, 방탕, 시기, 중상, 교만, 어리석음 같은 여러 가지 악한 생각들이다"(마르코 7:20-21). 그런즉 우리는 안으로부터 우리를 바꿔놓는 기도를 드려야 한다. 진지한 내적 의도와 동기는 요즘에 새로 등장한 자기계발 프로그램이 아니다. 예수는 그릇의 거죽을 닦는 데만 매달리지 말고 그 안을 깨끗이 닦으라고 하신다(마태오 23: 25-26). 될 수 있으면 인간의 역사를 내면으로 끌어들이고자 애쓴 사람이 예수다. 그것은 길고 험난한 길이었다.

---

3) Leo Booth, *When God Becomes a Drug*, 1998 (Cheadle, U.K.: SCP, 1998); Robert Neil Minor, *When Religion Is an Addiction* (St. Louis: Humanity Works!, 2007).

하느님과의 깨어 있는 접속

"12단계 프로그램"은 종교들이 그토록 지키려고 노력한 신에 대한 호칭, 이름, 형식을 앵무새처럼 되풀이하는 것을 넘어서서 (우리가 이해한 하느님), 우리를 "하느님과의 깨어 있는 접속"으로 이끌어주는 기도와 명상이 필요하다는 사실을 인식했다는 점에서 분명 시대를 앞서간다. 그리하여 '11단계'는 (만인을 위한 그분의 명령 대신에) "우리를 향한 하느님의 뜻"을 알고 그것을 실천할 힘(깊은 근원으로부터 오는 새로운 동기와 능력)을 지니게 해달라고 기도할 것을 권한다. "12단계 프로그램"이 깊은 영감을 받아서 만들어진 것이 아니라고 누가 말할 수 있겠는가?

기도와 명상의 열매가 너무나 뚜렷한지라, 내가 폴솜 교도소와 샌 퀜틴 교도소를 방문한 유일한 명분이 '11단계'를 재소자들에게 가르치는 것이었다. 교도소 관리들도 새로운 침묵 기도가 확실히 사람을, 사형수와 무기수들을 포함하여, 변화시키는 것 같다고 말했다. 여러 해 동안 나는 앨버커키 형무소에서 사목했는데, 거기서는 사람들이 교파별로 나뉘어 서로 다른 형식으로 경쟁적으로 예배하였다. 그러나 함께 명상을 하거나 "센터링 기도"를 드릴 때에는 교파의 구별이 무의미했고 누가 예배를 집전하는가도 문제 되지 않았다. 평신도냐 사제냐, 남성이냐 여성이냐, 안수를 받았느냐 못 받았느냐, 이런 문제로 사람을 가르고 다툴 여지가 아예 없었다. 오직 능력과 진정성만이 문제였다.[4]

토머스 머튼의 글을 인용하는 것으로 이 장을 마무리해야겠다. 그는 이렇게 말했다. "하느님의 뜻이란 우리가 그대로 복종해야 하는 '운명'(fate)이 아니다. 우리가 살면서 뭔가 전혀 새로운 것을, 여태껏 기성체제에서 볼 수 없었던 무엇을 만들어내는 창조행위에 참여하는 것이 하느님의 뜻이다. 우리는 단지 외적인 법들을 따르는 것만이 아니라, 이처럼 서로 창조적인 행위에 대해 우리의 의지를 여는 것에도 협력해야 한다."5)

기도와 헌신의 삶이란, 생명과 죄와 상황과 하느님이 힘을 합하여 이루어내는 신성한 '협동작업'(synergy)에 창조적으로 참여하는 것이다. 이렇게 하느님의 뜻을 이루는 것이다! 실제로 "기도와 명상"의 오솔길로 들어서기 전까지 우리는 자기 안에서 들리는 세미한 음성에, 예레미야가 말한 "가슴에 새겨진 법"(31:33)에 익숙하지 않을 뿐 아니라 오히려 겁내왔다. 그때까지 종교는 우리에게 그것을 위하여 싸우거나 갈라져야 하는 제도요 틀이었다. 나는 이 글이 당신을 더 이상 그것을 위하여 싸우다가 갈라질 무엇이 없는 "하느님과의 깨어 있는 접속"으로 데려갈 수 있기를 바랄 뿐이다.

자신의 힘든 삶 속에서 하느님을 발견하고, 그 하느님이 자기 인생을 바꾸시도록 모든 것을 기꺼이 내어드리는 여기에 하느님의 영원한 뜻을 참으로 따르는 길이 있다. 이것이야말로, "하느

---

4) 묵상을 통한 전도는 www.contemplativeoutreach.org를 보라. 세계 그리스도인 명상 공동체는 www.wccm.org를 보라.

5) Thomas Merton, *Journals of Thomas Merton*, August 3, 1958, Vol. III (New York: HarperOne, 1999), p. 121.

님이 우리 모습으로 변장하고 우리에게 오시는" 동안, 우리가 어떻게든지 해야 하는 일이다. **하느님의 뜻을 이루어드리겠다는 간절한 염원을 품는 것이 사실상 가장 진정한 하느님의 뜻이다.** 이 진실을 기억하자, 항상 기억하자. 이 지점에서 하느님이 이기셨고 에고는 졌고, 그리고 당신의 기도는 이미 응답되었다.

아래의 출처를 알 수 없는 아름다운 문장에서 우리는 "새 마음, 새 사람"의 중요성을 느낄 수 있을 것이다.

네 생각을 챙겨라, 그것이 말로 된다.
네 말을 챙겨라, 그것이 행동으로 된다.
네 행동을 챙겨라, 그것이 버릇으로 된다.
네 버릇을 챙겨라, 그것이 성격으로 된다.
네 성격을 챙겨라, 그것이 운명으로 된다.

제12장

돌아온 것은 마땅히 돌려보내고

이 단계들을 차례차례 밟아서 영적으로 깨어난 우리는, 알코올 중독자들에게 우리의 메시지를 전하고 만사에 이 원리를 적용코자 노력하였다. — 12단계

나의 주여,
내가 마음으로 당신만을 바라보며 살겠습니다.
마음을 진정시켜주시고 살려주십시오.
이제 슬픔은 가시고 평화가 왔습니다.
당신께서는 나를 멸망의 구렁에서 건져주셨습니다.
…오늘 이 몸이 당신을 찬미하듯이
살아 숨 쉬는 자만이 당신을 찬미하옵니다.
나도 한 아비로서 자식들에게
당신의 성실하심을 알리겠습니다. — 이사야 38:16-17, 19

선조들이 입으로 전해준 이야기,
우리 모두 들어서 익히 아는 이야기,

야훼의 영예와 그 크신 능력,
그리고 이루신 일들을
우리는 다음 세대에 숨김없이 전하리라. ─ 시편 78:3-4

시몬아, 시몬아, 들어라. 사탄이 이제는 키로 밀을 까부르듯이 너희를 제멋대로 다루게 되었다. 그러나 나는 네가 믿음을 잃지 않도록 기도하였다. 그러니 네가 나에게 다시 돌아오거든 형제들에게 힘이 되어다오. ─ 루가복음 22:31-32

너희가 거저 받았으니 거저 주어라. ─ 마태오복음 10:8

40여년 신앙공동체 건설과 교회 지도자 양성을 위해 복음을 가르쳐온 나는 이제 와서 애초에 사람들에게 자기 내면으로 향할 것을 요구하지 않은 것이 내가 저지른 큰 실수들 가운데 하나라는 확신이 든다. 만일 내가 그들을 처음부터 밖으로 내돌리지 않았더라면, 그들은 밖을 지향하려 하지도 않았을 것이고 그들의 주된 관심사는 개인의 자기 개발, 영적 소비주의(spiritual consumerism)에, 출석률로 평가되는 교회 행사 또는 그리스도인들이 잘 쓰는 말로, "나와 예수의 관계를 더 깊어지게 하는"데 쏠리게 되었을 것이다. 빌 윌슨은 일찌감치 이 위험성을 간파했던 것 같다.

인간의 뿌리 깊은 이기주의가 철저하게 노출되어 그 진면목을 드러내고 그리하여 근본적으로 사람들이 방향을 다시 잡기까지, 난파되어 가라앉는 유람선에서 저마다 행복하겠다고 몰려다니는 승객들을 위하여 갑판 의자를 수리하는 일에 골몰한 것이 대부분 종교의 모습이다. 우리가 '병든 청년기'(patho adolescent) 문명에 살고 있다는 심리학자 빌 플로트킨의 말이 옳다는 사실에 나는 두려움을 느낀다.[1] 이 사실을 솔직하게 고백하는 몇 안 되는 단체들 가운데 하나가 "익명의 알코올 중독자들"(AA)이다. 그들의 『큰 책』(Big Book) 62쪽에 이런 말이 있다. "그러므로 우리를 힘들게 하는 문제는 우리가 만드는 것이다. 그것들은 모두 우리한테서 나온다. 알코올 중독은, 비록 당사자가 그렇게 생각하지 않는다 해도, 어디까지나 본인 스스로 치달려온 길의 막판이다. 무엇보다도 우리 알코올 중독자들은 이 지독한 이기주의에서 벗어나야 한다. 반드시 그래야 한다. 아니면 그것이 우리를 죽일 것이다!" 여간 용감하지 않고서는 아무도 이렇게 말할 수 없는 일이다.

어째서 우리는 그만큼 정직하지 못한 것일까? 그리하여 진실로 자기를 돕지 못하는 것일까? '12단계'는 일찌감치 우리에게 남을 섬겨야 한다고 말함으로써 청년기 질환을 노출시켜 치료하는 방법을 찾았다. 사람이 남 섬기는 것은 다른 일을 하고 나서 고를 수 있는 선택사항이 아니다. 일정한 신앙수련회 과정을 마치고 나서, 또는 오랜 교회 봉사활동을 하고 나서, 어느 날 갑자기 소명(召命)으로 받게 되는 무엇이 아니다. 그렇지 않다. 어떤

---

[1] Bill Plotkim, *Nature and the Human Soul* (Novato, C.A.: New World Library, 2008).

영적 은사도 그것을 남에게 베풀기 전에는 자기가 그것을 받았다는 사실을 알지 못하게 되어 있다. 물질은 쓸수록 줄지만 영적 은사는 그것을 '씀'(using)으로써 오히려 커진다.

그것은 나간 만큼 들어오는 카르마 법칙이다. 예수가 제자들을 세상에 보내면서 "악령들을 제어하는 능력을 주시어 그것들을 쫓아내고 병자와 허약한 사람들을 모두 고쳐주게"(마태오 10:1) 하시고 "온 세상을 두루 다니며 모든 사람에게 이 복음을 선포하여라."(마르코 16:15)고 하신 말씀의 뜻이 바로 이것이었다. 그분은 우리가 받은 메시지를 제대로 이해하거나 자신한테 적용시킬 수 있으려면 먼저 그것을 남들에게 전해야 한다는 사실을 아셨다. 사십 년 넘게 설교자로 살아온 나는, 그동안 나름대로 가르치고 설교하고 상담해온 내 경력이 이윽고 나를 다시 납득시키고 온전히 회심케 하였다는 사실을 의심하지 않는다!

예수는 새로운 단체를 만드는 일에 관해서는 언급이 없으셨고 다만 사람과 사회를 실제로 달라지게 할 메시지를 전하셨을 뿐이다. "우리에게 정책이 있다면 그것은 부추김(promotion)이 아니라 이끌림(attraction)에 근거한다"(AA). 진정한 치유가 이루어지면 사람들이 몰려올 것이라고 그들은 믿는다. 반면에 많은 기성종교들은 이렇게 말한다. "오라. 와서 일단 우리 모임에 들어라. 어쩌면 우리가 너를 치료할 수 있을 것이다." 도미니코 수도회 출신 프란시스 맥너트는 그것을 두고 "완벽한 범죄"라고 말한다. 예수는 설교와 치유 사이를 오가며 공생애를 보내면서 치유 행위로 당신의 설교 내용을 확인시키셨지만, 교회는 설교에 치중하면서 치유는 별로 못한 것이 사실상 그 동안의 역사였다.[2] 치유자보다는 설교자와 교사를 양성하기 위하여 세워진 것이 각 교단의 신학교들이라는 얘기다.

루터가 "지푸라기 서신"이라고 혹평한 야고보서를 우리는 진지하게 읽을 필요가 있다. 예수의 형제이자 예루살렘 교회의 지도자였던 야고보가 쓴 것으로 알려진 이 서신에 그리스도교의 원초적 메시지가 담겨 있다고 나는 생각한다. 당시에는 신앙적 교리보다 **생활방식의 그리스도교**(lifestyle Christianity)가 더 절박한 문제였다. 그래서 야고보는 늘 말로 하는 정교(verbal orthodoxy)보다 정행(orthopraxy)을 말한다. "말씀을 듣고도 실천하지 않는 사람은 제 얼굴의 생김새를 거울에다 비추어 보는 사람과 같습니다. 그 사람은 제 얼굴을 비추어 보고도 물러나서는 곧 제 모습을 잊어버리고 맙니다"(1:23-24). 야고보에게는 복음의 가르침을 실천하는 것이 하느님의 축복을 받는 길이었고, 믿음에 행동이 따르지 않으면 그런 믿음은 죽은 믿음(2:17)이었다. 야고보야말로 '12단계'의 실천적 접근에 잘 어울리는 특별한 사도다.

명령받은 대로 "형제 중 가장 보잘것없는 사람 하나에게"(마태오 25:40) 복음을 전하지 않고서 과연 우리가 예수를 믿고 따르는 자라 할 수 있겠는가? 그것은 "에너지는 생성되지도 소멸되지도 않고 다른 용도로 바뀔 뿐"이라는 열역학 제1법칙을 영성의 영역으로 옮겨온 것과 같다. 돌아온 것은 반드시 돌아가야 한다. 아니면, 두 번 다시 오지 않는다.

---

2) Francis McNutt, *The Nearly Perfect Crime* (Grand Rapids: Chosen, 2005).

들숨과 날숨

사람이 숨을 들이쉬기만 하면 틀림없이 질식할 것이다. 유대인들이 '거룩하신 분'을 부르는 이름인 '야훼'가 들이쉬고 내쉬는 숨소리를 시늉하여 만든 것이라는 게 최근의 정설이다.3) 그러기에 그 이름은 발음될 수 있는 게 아니라 숨으로 쉴 수 있는 것일 뿐이다. 하느님의 성스런 이름 자체(출애굽 3:14)가 모든 실재의 가장 깊은 형태를 보여주거니와 그것은 안으로 받아들이고 밖으로 돌려주는 순환이다. 그리스도인들은 모든 피조물의 형상인 그것을 가리켜, 안으로 받아들이고 밖으로 뿜어내는 거룩하신 하느님의 삼위일체 순환(Trinitarian Circle)이라 부른다. 그것은 하느님의 형상이자 하느님의 형상으로 지어진 모든 피조물의 형상이기도 하다.4) 그리스도교 초기 전승의 바탕에 우주의 숨은 암호처럼 그것이 깔려 있다.

나는 뉴욕 주의 한 교구를 놀랍게 성장시킨 사제를 알고 있다. 그가 말하기를, 자기는 처음 교회에 들어오는 사람에게 어느 봉사단체에서 일하고 싶은지를 묻는다고 했다. 교회의 멤버가 되려면 반드시 한 봉사단체에 속해야 한다는 것이다. 수동적인 출석만으로는 안 되고 여기엔 어떤 핑계도 용납되지 않는다고 했다. 많은 가톨릭 성당이 날마다 미사에 참석하고 강론을 듣고

---

3) Rohr, *The Naked Now*, 2장.

4) Richard Rohr, "The Divine Dance" CD set, www.cacradicalgrace.org.

영성체를 하는 충직한 신자들을 위하여 불을 밝히고 냉방시설을 작동시킨다. 그런데 최근 연구조사로, 그 충직한 신자들이 곧 같은 교회의 자원봉사단체에서 일하는 멤버들은 아니라는 결과가 밝혀졌다. 그들은 그냥 매일의 성사에 열심히 '출석'할 따름이다. 교회가 부지불식간에 그들을 받기만 하고 **줄줄 모르는** 신자들로 훈련시키고 있는 것이다. 많은 현대 교회들이 단순한 시민종교로, 문화적 가톨릭주의로 전락되는 것은 이상한 일이 아니다.

AA는 이를 두고 "건강하지 못한 상호의존성을 가능케 한다."고 말한다. 그리고 그런 병자들—그것을 촉진하고 허용하고 그렇게 해서 이득을 보는 사람들—을 위한 특별모임을 가진다. 우리는 교회 안에 있는 그런 의존적인 멤버들을 사랑하는 것처럼 보이는 것과 실제로 사랑하는 것을 분별할 줄 알아야 한다. AA는 많은 사람이 혹독한 사랑(tough love)을 경험할 필요가 있고 그러지 않으면 그들이 타고난 이기심을 넘어서지 못한다는 사실을 알고 있다. 수동적인 멤버십은 수동적 의존성을 키우는 데서 그치지 않고 그들이 습관적으로 얻던 것을 얻지 못할 경우에, 너무나 자주 수동적이면서 공격적인 행동을 유발해낸다. 사목자라면 내가 시방 무슨 말을 하고 있는지 알 것이다. 많은 보수적 가톨릭 신자들이 교황청을 극진히 사랑한다. 단, 교황이 전쟁을 반대하거나 노동자들의 권익을 옹호하거나 자본주의의 병폐를 지적하기 전까지! (실제로 그들은 교황의 말을 받아들이지 않는다.) 영성 수련자들한테서도 자기가 바라는 깨달음을 얻지 못했을 때 수동적이면서 공격적인 행동이 얼마든지 나올 수 있다.

"영적으로 깨어난 우리"

바야흐로 우리는 그리로 향하여 떠났던 출발점(모든 출발은 떠난 곳으로 돌아오기 위한 것이기에 출발점 곧 목적지점이라는 뜻 - 역자주)인 "생생한 영적 경험"으로, '12단계'가 "영적 깨어남"이라 부르는 곳으로 접어드는 길에 섰다. 이것이야말로 인간 구원을 위한 마지막 프로젝트다. 그렇다, 하느님은 처음부터 우리를 깨어 있는 존재로 지으실 수 있으셨다. 그랬다면 우리는 단지 로봇이나 꼭두각시 인형처럼 살았을 것이다. 하느님이 당신 정체를 모두 밝히신다면, 그분이 **매우 위험할 만큼 궁극적으로 완벽하게 자유를 사랑하고 존중하신**다는 사실이 자명해질 것이다. 하느님은 악이 제 길을 가도록 내버려두신다. 히틀러를 막지 않고 어린이를 학대하는 나쁜 어른들도 그냥 두신다. (마지막 후기에서 이 문제를 좀 더 상세히 다뤄보겠다.)

참 영성은 두 가지 큰 일을 동시에 이룬다. 하나는 하느님을 절대 자유로우신 분으로, 인간들이 무슨 짓을 해도 거기에 전혀 구애되지 않는 분으로 모시는 것이다. 다른 하나는 우리를 철저하게 자유로운 존재로, 어떤 환경에서도, 인간의 법과 죄와 한계와 실패 따위에도 강제되거나 억압당하지 않는 존재로 거듭나게 하는 것이다. "그리스도께서 우리를 해방시켜주셔서 우리는 자유의 몸이 되었습니다. 그러니 마음을 굳게 먹고 다시는 종의 멍에를 메지 마십시오."(갈라디아 5:1). **참 종교는 인간을 위하여 하느**

님을 자유롭게 해드리고, 하느님을 위하여 인간을 자유롭게 해준 다.

이것은 풀타임으로 하는 일이다. 예수는 경직된 종교 지도자들로부터 당신의 치유사역을 지키는 데 대부분의 시간을 보내셨다. 그리고 그들에게 말씀하셨다. "안식일이 사람을 위하여 있는 것이지 사람이 안식일을 위하여 있는 것은 아니다"(마르코 2:27). 우리 모두 자기의 신학, 선호(選好), 견해에 스스로 갇혀 하느님과 이웃을 묶어놓고 있는 건 아닌가? 이 고질병은 바뀔 것 같지가 않다.

이 두 큰 자유가 서로 만날 때 우리는 영적으로 깨어난다! 우리 발밑에서 그리고 머리 위에서 세계가 활짝 열린다. 바야흐로 꼴이 달라진 세계에서 우리가 살게 된 것이다. 하느님이 어느 민족을 따로 선택하여 영적으로 깨어나게 하시고 다른 민족들은 버려두시는 게 아니다. 두 큰 자유가 만날 때, 날이 새면 동녘 하늘이 밝아오듯이, 우리의 깨어남이 그렇게 이루어진다. 하지만 하느님을 (그분에 대한 그릇된 가르침, 두려움, 의심으로부터) 자유롭게 해드리고 자기 자신을 (자기중심적인 이기주의, 스스로 희생자라는 피해의식, 어린 시절에 받은 상처 등에서) 자유롭게 하는 것은 어쩌면 평생토록 해야 할 힘든 작업이다. 두 자유가 동시에 성취될 때, 백만 분의 일초라도, 두 자유는 거대한 두 개의 자석처럼 하나로 되어 핵융합 같은 폭발을 일으킨다. 그것은 의심할 나위 없이, 모든 것을 변화시키는 변화다. 하느님의 거룩한 사랑 행위이자 인간의 황홀경이다.

빌 윌슨에게는, 그가 "생생한 영적 경험"이라고 부르는 것이 없이는 진정한 회복, 지속되는 회복이 없으며, "정서적인 절제"는 말할 것도 없다. 『큰 책』의 두 번째 부록에서 그는 스스로 자주 사용하는 "영적 깨어남"이란 용어와 "생생한 영적 경험"이란 용어의 차이를 언급한다. 그는 대부분의 깨어남이 "갑작스럽고 굉장한 지각변동처럼" 그렇게 이루어지는 것은 아니라고—그런 경우가 자주 있긴 하지만—말한다. 오히려 "오랜 세월에 걸쳐 서서히 이루어지는 까닭에 그것을 교육에 의한 변화"라고 말할 수 있다. 사람이 점차적으로 "자기 삶의 여러 고비들을 넘기면서 조금씩 깊이 변화해왔는데, 그것이 혼자만으로는 이루어낼 수 없는 것이었음을" 깨닫는 것이다. 그 깨달음은 "여러 해 동안 자기 수련을 통해서 성취해낸 것"도 아니다. 언제나 그렇듯이 여기서도 빌 윌슨의 통찰이 눈부시다.

결혼한 지 얼마 안 되는 남자와 상담을 한 적이 있다. 그는 자기한테 매우 낙심한 상태였다. 아무리 그러지 않으려고 해도 남들에게 자주 짜증을 부리고 사소한 일에 화를 낸다는 것이다. 그가 절망스러운 말투로 호소해왔다. "이런 나를 어떻게 바꿀 수 있을까요? 어떻게 해야 내가 달라질 수 있는지 그 방법을 모르겠어요." 마치 그에게서 "나는 과연 비참한 인간입니다. 누가 이 죽음의 육체에서 나를 구해줄 것입니까?"(로마 7:24)라는 바울로의 한탄을 듣는 기분이었다. 나는 그에게, 당신의 어린 두 아들한테도 그러느냐고 물었다. 말이 채 끝나기도 전에 그가 답했다. "아, 아닙니다. 아니에요. 애들한테는 안 그러지요."

무슨 말인지 아시겠는가? "죽음의 육체"에서 건짐 받는 유일한 길은 "**더 큰 사랑**"에 빠지는 것이다. 자기 자신과 인생에 대한 온갖 부정적 감정과 견해 따위를 흡수해버리는 "더 깊은 하나 됨"을 경험하는 것이다. 우리가 자기 존재의 바탕을 발견하고 옹 근 전체이신 그분(the Whole)에 결속되기 전까지는, 자리를 찾지 못하고 계속 불평하며 이리저리 헤매게 마련이다. 남자에게는 그의 두 아들이, 다른 집 자녀들이 부모에게 해주듯이, 그 역할을 해주었다. 그것은 생생한 영적 경험이 당신에게 주는 선물이기도 하다. 어쨌거나 이제 당신은 당신이 "더 큰 힘"(Lager Force)에 소속되어 그에게 붙잡혀 있음을 알고 있다. 그래서 말도 안 되는 이유들로 당신에게 인생은 있는 그대로 '오케이'요, 모두 옳고 모두 좋다. 날마다 밤마다 '삶'이라는 배를 타고 기쁨으로 항해한다.

왜 사람들이 결혼을 하는지 그 진짜 이유를 아는가? 심지어 왜 결혼과 자녀들을 통해 '구원'을 받는지 아는가? "**결혼과 부모 노릇은 당신을 당신의 이기심으로부터 빼내려는 작전이다.**" 무엇보다도, 당신이 얼마나 자기중심으로 이기적인지를 당신한테 여실하게 보여주는 것이 결혼생활이다. (신혼 뒤 7년 동안이 쉽지 않다는 말을 들었다.) 그래도 결혼 상태를 계속 유지하면 "**더 큰 사랑**"을 하게 되는데 그때부터 삶이 훨씬 쉬워진다. 하지만 그게 저절로 되는 건 물론 아니다. 에고와 그림자는, 딜런 토머스가 재치 있게 말하듯이, "그냥 순하게 '안녕, 잘 있어!' 하고 떠나주지 않기" 때문이다.

거듭거듭 우리는 친구나 자녀들과의 "더 큰 사랑"에 빠지기로 선택해야 한다. 그 모두가 "가장 큰 참사랑"에 빠지기 위한 수련이다. 우리가 겪는 모든 사랑들이 참사랑을 배우는 학교이면서, 실재이신 그분과의 영원한 관계가 맺어질 때까지, 나름대로 가져보는 생생한 영적 경험들이다. 당신은 여러 번 떨어져서 (falling) "사랑에 빠지는"(fall in love) 법을 배우고 또 그렇게 해서 떨어졌다가 다시 올라오는 법을 배운다. 다른 방법이 없다. 당신은 당신의 의지와 상관없이 사랑에 빠져봐야, 그리고 뼈아픈 실연을 겪어봐야, 비로소 사랑이 어떤 것인지를 알 수 있다. 왜냐하면 사랑은 너무 두렵고 너무 크고 너무 황홀해서 우리 머리로는 미리 상상할 수도 없고 만들 수도 없으며 찾아낼 수도 없기 때문이다. 러시아 작가 도스토예프스키에 따르면 사랑은, 하느님처럼, "너무나 무정하고 겁나는 물건"이다. 우리 모두 생생한 영적 경험을 원하면서 동시에 피하려고 하는 이유가 여기 있는 것 아닐까?

'12단계'를 차례로 밟으면 영적 깨달음에 이를 것이라는 말은, 너무나 위험하면서 참으로 진실한 무엇을 두고 하는 말이다. 우리가 은총과 자비를 우리 맘대로 어떻게 할 수 없다는 사실은 빌 윌슨도 잘 알고 있다. 그런 그가 어떻게 '12단계'를 거치면 영적 깨달음을 얻는다고 말하는 것일까? 우리가 무슨 작업을 해서 영적 깨달음을 얻거나 이루는 것은 물론 아니다. 하지만, 사랑에 빠지고 사랑을 놓아버리고 하는 과정이 없으면 아무 일도 일어나지 않을 것이다. 우리가 뭐든지 할 수 있다는 건방진 생각으로 사는 미국인임을 빌 윌슨은 알고 있지만 동시에 소중한 것을 잃는 과정이 필요하다는 사실도 그는 알고 있다. 또한 모든 과정이 지난 뒤에야 비로소 그것이 은총이었음을 알게 된다는 점도 그는 알았다.

영적 질병

다시 한 번, 중독이 그동안 도덕적 실패로, 현실을 마주 대하는 용기와 의지의 결핍으로, 또는 영적 질병으로 다양하게 설명되어왔다는 사실을 상기하며 이 글을 매듭짓고자 한다. 물론 나는 중독을 다른 무엇보다 영적 질병으로 보는 견해를 지지한다. 무엇을 간절히 바라는데 그대로 이루어지지 않는 욕망과 그로 인한 깊은 좌절감에서 오는 영적 질병이 중독이다. 그런데 그것이 역설적이게도 모든 영적 도정(道程)의 출발점인 것이다.

일반 교회들보다 AA가 사람들을 변화시키는 데 더 많은 성공을 거두는 이유는 중독문제에 영적으로 접근하고 그것을 도덕적 실패나 단순한 의지력 결핍이 아니라 **영적 질병으로** 보기 때문이다. 교회는 모든 문제를 개인의 과실로 보는 성향이 있다. 그 결과 오히려 막대한 스트레스와 수동적이면서 공격적인 반응을 유발한다. 그런데 AA는 엉뚱한 곳에서 사랑을 목마르게 갈구하는 영혼이 곧 중독자라고 말한다. 알코올 중독은 다른 모든 중독과 마찬가지로, 깊이 좌절된 욕망이다. "12단계 프로그램"은 오랜 세월을 거치면서, 사람이 자기 자신과 하느님과 현실과 지금 이 순간과 내적인 친밀함을 경험하지 못해서 생겨나는 것이 중독임을 알았다. 나 역시 사랑, 존중, 기쁨, 친밀한 인간관계를 잃으면 모든 것을 잊으려고 술을 마실 것이다.

시끄러운 음악이나 들뜬 스포츠에 열광하는 젊은이들처럼 많은 중독자들이 격렬함(intensity)을 친밀함(intimacy)으로 혼동한다는 사실을 알아두면 도움이 된다. 조작된 격렬함과 진정한 친밀함은 완전 반대다. 친밀한 관계를 찾아서 중독자들은 엉뚱한 방향으로 머리를 돌려, 본인에게 아무 도움도 주지 못하는 사물들과 사건들(쇼핑, 도박, 섹스, 마약, 과음과식 등)에 매달린다. 그리하여 마지막 패를 까는데 결과는 언제나 꽝이다. 그렇게, 아무 짝에도 소용되지 않는 무엇을 더 많이 더 자주 손에 넣으려고 헛된 노력을 되풀이한다. 어떤 것이 당신에게 정말 소용되는 물건이라면 그것이 조금만 있어도 당신은 만족할 것이다. 내 몸과 마음이 편안할 때는 메뚜기 한 마리가 충분히 나를 흥분시킬 수 있다.

건강하고 영양가 풍부한 음식은 자극적인 양념이 필요 없다. 기교 넘치는 예술작품은 자연의 단순한 선(線)과 질감한테 자리를 내주고 물러나게 마련이다. 조용한 음악이 깊은 만족감을 안겨주고, 사랑으로 어깨 한 번 안아주는 것이 꾸며낸 오르가즘보다 황홀하다. 금식 끝에 한 모금 넘기는 흰죽이 얼마나 맛있는지는 겪어본 사람만 안다. 육식을 하지 않고 사순절을 보낸 뒤에 먹어본 닭고기 맛을 나는 잊을 수 없다. 그때에는 보이는 사물들마다 나를 기쁘게 해주었다. 마치 만물이 새롭고 다양한 색깔로 옷 입은 느낌이었다. 우리의 발이 든든한 대지를 밟고 설 때, 우리의 머리카락이 신선한 바람에 나부낄 때, 그때 그냥 존재하는 것만으로도 충분히 맛볼 수 있는 희열과 행복을 중독자들은 스스로 거절하고 있는 것이다.

그들은 자기를 결코 구원하지 못할 신들에게서, 아무 힘도 없는 헛된 사물과 행동에서, 사랑과 신뢰의 관계를 얻고자 한다. 그들이 진정 원하는 것은 친밀함이지만 그것을 일시적인 격렬함으로 대신하고 그리하여 쉽게 빠르게 무너진다.

히브리 성서가 말하는 인간의 유일한 죄는 '우상숭배'다. 신 아닌 것을 신으로 만들어 섬기는 것이 인간의 유일한 죄라는 얘기다. "입이 있어도 말을 못하고 눈이 있어도 보지 못하고 귀가 있어도 듣지 못하고 코가 있어도 맡지 못하고 손이 있어도 만지지 못하고 발이 있어도 걷지 못하고 목구멍이 있어도 소리를 내지 못한다. 이런 것을 만들고 의지하는 자들도 모두 그와 같으리라"(시편 115, 5-8). 옳은 말이다. "12단계 프로그램"도 같은 말을 하고 있다. 그런즉 더 이상 우리를 구원할 수 없는 신들을 섬기는 데 아까운 시간과 정력을 낭비할 이유가 없다. 우리는 언제 어디서나 우리를 에워싸고 우리를 먹이고 우리를 채워주는 맑은 '공기'(the Air)를 마시며 살게끔 만들어졌다. 이 맑은 공기를 '하느님'이라는 이름으로 부르는 사람들이 있다.

이상 열두 가지 중요한 숨쉬기 레슨을 통하여 이제 당신은 당신이 숨 쉴 수 있음을, 심지어 물 밑에서도 숨 쉴 수 있음을 스스로 알게 되었다. 하느님의 숨은 있지 않은 데가 없기 때문이다.

후기

고통 받는 하느님만이 구원하실 수 있다

> 복음서들을 읽은 사람 가운데 그리스도께서 인류의 고통을 당신 것으로 삼으신다는 진실을 모르는 사람이 있을까?
>
> — 오리게네스, "기도에 관하여"[1)]

이토록 엄청난 악이 자행되는 세상에서 하느님은 간혹 개인적으로 몇 사람 마음을 바꿔놓는 일 말고 아무 일도 못하는 것 같은데, 그나마 그렇게 변화된 사람들이 역사의 흐름에, 교회 안에서조차, 별로 큰 영향을 미치지도 못하는 것 같은데, 과연 정의로운 하느님, 선하신 하느님이 존재하는 것인지에 대해 무성한 토론을 불러일으킨 신학적 주장 가운데 하나가 소위 '신정론'(theodicy)이다.

인민대학살, 아동 학대, 침략전쟁, 말로 표현할 수 없는 인간

---

1) Origen, "On Prayer," Ante-Nicene Fathers Collection. www.ccel.org/ccel/origen/prayer.vii.html?highlight=christ,suffering,human,gospels#highlight에서 볼 수 있다.

과 짐승들의 고통, 무고한 사람들의 감옥살이, 인신매매, 각종 중독자들과 그 가족들의 비참한 삶 등에 대하여 하느님이 그것들을 허용하고 막지 않는다는 사실은 이 세상 구석구석에서 입증되고도 남는다. 나아가서 하느님은 가뭄, 홍수, 지진, 태풍, 허리케인, 쓰나미, 전염병, 육신의 장애, 정신질환 등을 '유발'하는 것처럼, 그게 아니면 적어도 그냥 놔두는 것처럼 보인다. 그리고 사람들은 그렇게 자기들을 "외롭고 가련하고 추잡하고 잔인하고 단명하게"[2] 만드는 것들을 "하느님이 하시는 일"이라고 부른다. 어찌 된 일인가?

나는 제반 인간사에 뛰어들어 잘못을 바로잡고 정의를 실현하는 "도깨비 방망이 하느님"(deus ex machina, 작가가 급할 때 해결책으로 등장시키는 하늘을 나는 하느님 - 역자주), 인간의 무지와 악으로 말미암아 빚어지는 온갖 공백을 메워주는 그런 하느님의 존재가 믿어지지 않는다. 여러 해 동안 고심한 끝에 나는, 못하는 일 없이 만병통치로 역사하시는 전지전능한 하느님 대신에 오히려 나를 필요로 하는 '모자라는 하느님'을 변호하는 쪽으로 달려가야 했다! 내 눈에는 만사를 당신 뜻대로 하는 전능의 하느님이 보이지 않는다. 합리적인 인간의 생각이 기대하는 게 그런 것이라면, 그럴수록 실망스럽고 어리둥절해지는 것이 엄연한 우리네 현실이다. 아무래도 이 문제에서 우리는 질문과 답을 새롭게 모색할 필요가 있다. 하느님은 과연 '**어떻게**' 당신이 지으신 것들을 여전히 사랑하고 지탱케 하시는가? 이것이 우리가 당면

---

2) Thomas Hobbes, *The Leviathan*, chap. 13, paragraph 9.

한 딜레마다.

내게는, 이 문제를 뚫고 나아갈 효과적이고 사랑스러운 길이 있다. 만일 하느님께서 당신이 만드신 세계와 온전히 결속되어 고통 받는 것들과 '**함께**' 하면서 그 고통을 '**몸소**' 겪는다면, 그렇다면 하느님과 이 세계의 고통을 새롭게 인식할 가능성이 존재할 것이다. 그때 나는 오랜 세월 계속해온 불평불만을 그치고 망연자실 앉아서 이 새로운 가능성에 깨어나는 것이다. 최소한 우리가 스스로 아픈 현실에 동참하고, 인간의 고통에 우주적 목적과 의미가 있다고 생각한다면, 우리를 그토록 힘든 상황에 내던지는 것처럼 보이는 하느님을 용서할 뿐 아니라 한 걸음 나아가 그런 하느님을 사랑하고 신뢰할 수 있는 것이다.

우리가 이 세상에서 혼자 외로운 게 아님을 안다면, 자신의 외로움을 넉넉히 받아들일 수 있을 것이다. 더 크고 좋은 결과가 기다리고 있는 줄 안다면, 조용히 앉아서 귀를 기울이고 자세히 살펴볼 수 있을 것이다. 인간의 고통이 무엇보다 먼저 그리고 무엇보다 나중에 하느님의 고통이라면 우리는 어떤 결함도 수용할 수 있을 것이다. 모든 부분들의 총합보다 큰 무엇 안에서 우리가 하느님과 하나로 되고 하느님이 우리와 하나로 되는 줄 안다면, 우리는 이 모든 것들을 관통하여 나아가는 길을 찾게 될 것이다. 이런 터무니없는 신뢰를 바탕 삼아 지옥에서조차 가슴 펴고 머리 들고 당당하게 살아가는 몇몇 사람을 나는 알고 있다. 십자가에 달린, 또 부활하신, 예수에 대한 신뢰가 많은 사람을 실제로 구원한 것은 아무도 부인 못할 엄연한 사실이다.

'신정론'에 관한 신학적 토론이, '십자가에 달린 하느님'이라 불리는 "유일한 그리스도인"을 실제로 만난 사람들을 제외하고, 과연 어떤 사람들에게 무슨 도움을 줄 수 있는지 나는 모르겠다. 내가 개인적으로 아는 참으로 행복하고 평화로운 사람들은 십자가를 진 사람들과 함께 걸으시는 하느님, 그리하여 그들의 '멍에'를 당신 것으로 삼고 그것들을 벗게 해주시는 하느님을 사랑하는 사람들이다. 그들에게 예수는 인간의 고통을 멀리서 지켜보는 분이 아니라, 어떻게든지 우리를 위하여 우리와 함께 우리의 고통을 나누시는 분이다. 그는 우리의 고통을, "오늘날까지 다 함께 신음하며 진통을 겪고 있는"(로마 8:22) 모든 피조물의 합동 구원 프로젝트에 포함시키신다. 이것이 가능한가? "그리스도의 몸인 교회를 위하여 그리스도의 남은 고난을 내 몸으로 채운다"(골로사이 1:24)는 말이 진실일 수 있는가? 우리가 과연 어떤 방식으로든지 하느님의 사업 파트너로 될 수 있는 것인가?

이것이 우리에게 주어진 길인가? 이것이 우리가 하느님이 먼저 사신 "위대한 신비"에 포함되면서 치르는 값인가? 동물들과 식물들이, 심지어 하늘의 별들까지도, 다른 세대들을 위하여 또는 다른 종(種)들을 위하여 또는 우주의 진화를 위하여 기꺼이 제 몸을 죽음에 내어주는 것을 볼 때, 나는 어디서나 통하는 하나의 패턴을 보게 된다. 다른 무엇을 위하여 기꺼이 저를 내어주는 참사랑이 그것이다. 과연 고통은 우리가 서로 사랑하고 돌보는 법을 배우는 데 반드시 필요한 교재인가? 그렇다고 나는 생각한다, 잘 보면 보인다.

어떻게 하는 것이 물 밑에서 숨 쉬기인가?

　이 '논리'가 이끄는 대로 따라가면, 고통 받은 사람만이 남을 구원할 수 있다는 결론에 도달한다. 이것이 정확하게 "12단계 프로그램"이 발견한 진실이다. 깊은 연대와 교제 그리고 참된 자비는 즐거움보다 고통을 함께 나눔으로써 이루어진다. 어째서 그런지는 모르겠다. 우리를 구원하는 것은 무슨 교리나 신학이나 사제의 헌신적인 행위 같은 것들이 아니다. "시몬아, 시몬아, 들어라. 사탄이 이제는 키로 밀을 까부르듯이 너희를 제멋대로 다루게 되었다. 그러나 나는 네가 믿음을 잃지 않도록 기도하였다. 그러니 네가 다시 나에게 돌아오거든 형제들에게 힘이 되어다오"(루가 22:31-32). 예수가 베드로에게 주신 말씀이다. 이것이 사제를 일터로 보내면서 베푸신 당신의 서품(敍品)이었던가? 여기에서 우리는 다른 언급을 찾아볼 수 없다. 이것이야말로 세상을 변화시킬 수 있는 유일한 서품이라고 나는 믿는다. 정식으로 서품 받은 사제는 빵과 포도주가 무엇인지를 사람들이 알도록 도와줄 수 있다. 그러나 진정으로 서품 받은 사제는 사람들이 형제자매를 돕고 있는 자기가 누군지를 알도록 도와줄 수 있다.

　물 밑에서 숨을 쉬려고 애써본 사람만이 평소의 숨 쉬기가 얼마나 중요한 것인 줄 알고, 두 번 다시 호흡을 당연한 것으로 여기지 않는다. 그들은 배가 부서져 가라앉는 것을 가볍게 보지 않는다. 그들만이 '치유'라는 말을 제대로 쓸 수 있다. 그들은 자기가 어디로부터 건져졌는지를 안다. 오직 그들만이 하느님과 자신에게 옳은 질문을 하기 위해서 필요한 인내와 겸손을 갖출 수 있다.

난파선에서 살아남은 생존자들만이 그 과정의 공포를 충분히 알고, 그 과정을 모두 통과하기까지 자기를 붙잡아준 팔이 무엇인지 알며, 고생 끝에 극복해낸 온갖 장애물의 위력을 안다. 그들이 할 수 있는 일은 그 모든 과정을 통과할 수 있었음에 대하여 하느님께 감사하는 것이 전부다! 그들을 제외한 나머지 모두에겐 그것이 한낱 구원론을 다룬 '신학'에 불과하다.

이제 그들은 복음서의 나병환자와 맹인들이 보여준 것처럼 단순한 질병의 치유 또는 정신질환의 치유를 바라는 미숙한 요청을 더 이상 하지 않는다. 지옥을 통과한 그들은 바야흐로 훨씬 더 "큰 그림" 속에 들어 있다. 그들은 자기네가 여전히 알코올 중독자요 앞으로도 그럴 수 있다는 사실을 안다. 하지만 뭔가 더 좋은 것이 지옥을 통과하는 동안에 계시되었다. 아니, 그들에게 주어졌다. 그것은 건너편으로 넘어간 사람들만이 알 수 있는 무엇이다. 예수가 두 번째로 자기 몸에 손을 대었을 때 비로소 베싸이다의 맹인은 "눈이 밝아지고 완전히 성해져서 모든 것을 똑똑히"(마르코 8:25) 보게 되었다. 처음 손을 대었을 때에는 눈을 떴지만 "나무 같은 것이 보이는데 걸어 다니는 걸 보니 아마 사람들인가 봅니다"(8:24)라고 말할 수 있었을 뿐이다. 그것은 육체의 병이 치유된 것을 상징적으로 보여준다. 그가 정서적으로 또한 영적으로 온전히 치유되려면, 그리하여 모든 것을 똑똑히

볼 수 있으려면, 시간이 필요하다. 그리고 이 두 번째 치유가 훨씬 중요한 것이다.

험한 과정을 통과한 사람들은 마침내 "훨씬 큰 세계"를 발견한다. 그곳은 인내, 의미, 희망, 자기존중, 깊고 진정한 욕망 그리고 무엇보다도 안팎으로 가없는 사랑의 심연이 있는 세계다. 그들의 보물찾기는 끝이 났고 바야흐로 그들은 자기 집으로 돌아왔고 거기서 옹근 자유를 누린다! 동방교회 교부들은 이 모든 변화 과정을 가리켜 '테오시스'(theosis), 즉 사람이 거룩해지는 성화(divinization)의 과정이라고 부른다. 이 심오한 변화는 마법이나 기적 또는 성직자의 기술 등에 의해서가 아니라, 사람이면 누구나 할 수 있게 되어 있는 "생생한 영적 체험"에 의하여 성취되는 것이다. 그것은 온전히 맑은 정신으로, 어디에도 갇히지 않는 자유로, 천연(天然)의 자비로 그리고 교회에서 흔히 사용되어온 '구원'이란 말의 가장 깊고 보편적인 의미인 "신성한 합일"에 대한 감각으로 곧장 이어진다. 지옥을 통과한 사람만이 '구원'이란 단어의 참뜻을, 그것이 그냥 입술 끝의 말이 아님을, 안다.

바로 이 지점에서 고통 받는 하느님과 고통 받는 인간의 영혼이 만날 수 있다. 이 지점에서 인간의 고통이, 합리적인 또는 "옳고 바른" 사유가 아니라 영혼의 차원에서, 그 의미를 지니게 된다. 그것은 이렇게 요약할 수 있다.

고통 받는 사람이 고통 받는 하느님을 사랑하고 신뢰할 수 있다.

고통 받는 하느님만이 고통 받는 사람을 **구원할 수 있다.**
이 깊은 구렁을 건넌 사람이 다른 사람을 구원할 수 있고
구원할 것이다.

이 하느님(God) 아닌 다른 모든 하느님(god)은 죄의식을 품고 아픈 현실을 바라보는 구경꾼으로 되거니와, 당신은 그를 사랑하기는커녕 깊이 신뢰조차 하지 않을 것이다. 그리스도인들은 "우리의 '가장 높은 힘'이 너희의 '가장 높은 힘'보다 높다."고 말해서는 안 된다. 그것은 하느님 사랑이 아니라, 자기 사랑에서 나오는 말이다. 하지만 그리스도인들이 예수가 인간의 중독 문제와 고통의 문제를 해결하는 데 안성맞춤인 존재라고 아는 것은 당연한 일이요 잘하는 일이다. 그분은 십자가에서 세상 모든 고통 받는 인간들을 자기한테로 끌어당긴다.

바닥에 팽개쳐져 상처 입은 중독자로서 그 누가 십자가의 예수한테서 자기 모습을 보지 않을 수 있겠는가? 그 누가 인간의 온갖 기대를 외면하고 자신의 무능, 실패, 좌절, 수치를 함께 나누어 가지는 십자가의 하느님을 향해 달려가서 그 앞에 굴복하고 그와 하나 됨을 경험하지 않겠는가? 그런 하느님 안에서, **노출되고 풀려나고 마침내 새 이름을 얻게 된** 자기를 보지 않을 수 있겠는가? 신학자 세바스찬 무어(Sevastian Moore)가 자신의 저서 『십자가의 예수는 낯선 사람이 아니다』(*The Crucified Jesus Is No Stranger*)에서 말하듯이, 예수는 더 이상 인간의 역사에 낯선 사람이 아니다. 상처 입은 영혼에 낯선 사람이 아니다. 고통

받는 사람한테, 심지어 많은 그리스도인들한테조차도, 십자가의 예수는 더 이상 낯선 사람이 아니다. 무엇보다도 그는 어느 종교에 갇힌 하느님이 아니라 **모든 고통 받는 이들의 하느님**(the God of all who suffer)이다. 예수는 다른 종교에서 경쟁상대를 두지 않는다. 다만 그가 끊임없이 겨루는 상대는 죽음과 고통과 인간의 온갖 번뇌다. 이것이 그가 이기고자 하는 유일한 싸움이다. 그는 인간의 번뇌와 죽음과 고통을 모두 당신 몸 안으로 끌어들임으로써 승리를 거둔다. "우리의 몸이 완전히 해방될 날을 고대하면서... 다 함께 신음하며 진통을 겪고 있는"(로마 8:22- 23) 자신의 몸 안으로 끌어들임으로써 승리를 거둔다.

마침내 나는 답을 얻었다!

하느님의 겁나는 은총

이 세상의 고통 받는 모든 피조물한테는 그들을 심판하거나 정죄하지 않는 존재(Being), 그들의 곤경에서 멀리 떨어져 있지 않고, 그들과 함께 있으면서 그들을 관통하여 흐르고 심지어 그들과 함께 절망하는 존재가 있다. 그동안 세계 역사를 얼룩지어 온 탐욕스럽고 피에 굶주린 종교의 신들(gods)과 얼마나 다른가? 그 말고 다른 누가 세계를 구원할 수 있을 것인가? 그 말고 다른 누구를 사람의 가슴이 사랑하고 욕망할 것인가? 게다가 이 하느님(God)은 섬김을 받기보다 사랑하고 사랑받기를 원하는 분이다(요한 15:15). 얼마나 놀라운 일인가? 바야흐로 그가 종교 역사의 방향을 돌려놓고 있다.

예수께서 이르셨다. "내가 이 세상을 떠나 높이 들리게 될 때에는 모든 사람을 이끌어 나에게 오게 할 것이다"(요한 12:32). 그분은 이렇게 말씀하신 분이다. "목마른 사람은 다 나에게 와서 마셔라. 나를 믿는 사람은 성서의 말씀대로 그 속에서 샘솟는 물이 강물처럼 흘러나올 것이다"(요한 7:38). 하느님과 인간 영혼의 깊은 수문(水門)을 열어주는 것은 하느님의 사랑과 인간의 눈물, 이 둘의 "거칠고 겁나는" 뒤섞임이다. 그리고 나는 믿는다. 마침내 그것이 인간의 역사 자체를 활짝 열어놓을 것이다. 거기에 나는 내 닻을 내리겠다.

하나를 위한 애통이 모두를 위한 애통이다. 모두와 **함께** 애통하는 것이 존재의 바탕에 온전히 참여하는 것이다. 아직은 내가 충분히 이해할 수 없지만, 몇 가지 이유로 **아름다움은 상처를 준다**. 고통은, 그것을 통하여 모든 '생명'이 흐르고 그것으로 모든 살아 있는 것들이 숨을 쉬는 채널을 열어준다. 그게 어째서 그런지는 아직 모르겠다. 그래도 어쨌거나 그것은 너무나 아름답다. 하지만 또한 그것은 너무나 슬프고 아픈 아름다움이다.

마지막으로, 그리스 희곡작가 에스킬루스(Aeschylus)의 지혜로운 말 한 마디 옮기면서 이 글을 마쳐야겠다. 하느님의 성령이 인간 역사를 처음부터 이끌어왔다는 사실을 그의 존재가 입증한다. 그는 기원전(BC) 525년에서 456년까지 살았지만 결코 "**그리스도 이전**"(before Christ) 사람이 아니다. 오히려 몇 마디 시로 영원한 메시지를 함축하여 모든 시대 모든 사람에게 전해주고 있다. 그것은 누구든지 귀를 기울이기만 하면 모두에게 적용되는 메시지다.

> 배우는 자는 고통을 겪어야 한다.
> 우리가 잠들어 있을 때조차도
> 잊을 수 없는 아픔이 가슴에 방울방울 떨어진다.
> 우리 자신의 절망 속으로,
> 우리의 의지를 거슬러, 지혜가
> 하느님의 겁나는 은총으로 우리에게 다가온다.[3]

---

3) Aeschylus, *Agamemnon*, Arthur M. Schlesinger, Jr., *Robert Kennedy and His Times* (Boston: Houghton Mifflin, 1978), pp. 875, 1020 n. 84에서 재인용.

참고문헌

Alcoholics Anonymous Big Book, Alcoholics Anonymous Service, Service, Inc., 1976.

Bien, Thomas and Beverly Bien. *Mindful Recovery: A Spiritual Path to Healing from Addiction*. New York: Wiley, 2002.

Buhner, Stephen Harrod. *The Fasting Path: For Spiritual, Emotional, and Physical Healing and Renewal*. New York: Avery (Penguin), 2003.

Grant, Robert. *The Way of the Wound: A Spirituality of Trauma and Transformation*. Self-published, 1996.

Jay, Frances. *Waling with God through the 12 Steps: What I Learned about Honesty, Healing, Reconciliation and Wholeness*. Chicago: ACTA, 1996.

Johnson, Robert A. *Owning Your Own Shadow: Understanding the Dark Side of the Psyche*. San Francisco: HarperSanFrancisco, 1991.

K, Herb. *Twelve Steps to Spiritual Awakening: Enlightenment for Everyone*. Torrance, Calif.: Capizon, 2010.

Keating, Thomas. *Divine Therapy and Addiction: Centering Prayer and the Twelve Steps*. New York: Lantern, 2009.

_____. *Open Mind, Open Heart: The Contemplative Dimension of the Gospel*. New York: Continuum, 1998.

Kegan, Robert, and Lisa Kaskow Lahey. *Immunity to Change: How to Overcome It and Unlock the Potential in Yourself and Your Organization* (*Leadership for the Common Good*). Boston: Harvard Business School Press, 2009.

Kurtz, Ernest, and Katherine Ketcham. *The Spirituality of Imperfection: Modern Wisdom From Classic Stories*. New York: Bantam, 1992.

May, Gerald. *Addiction and Grace: Love and Spirituality in the Healing of Addictions*. New York: HarperOne, 1998.

Mellon, John C. *Mark as Recovery Story: Alcoholism and the Rhetoric of Gospel Mystery*. Chicago: University of Illinois Press, 1995.

Moltmann, Jügen. *The Crucified God*. New York: Harper & Row, 1974.

Nakken, Craig. *The Addictive Personality: Understanding the Addictive Process and Compulsive Behavior*. Center City, Minn.: Hazelden, 1996.

Twerski, Abraham J. *Addictive Thinking: Understanding Self-Deception*. Center City, Minn.: Hazelden, 1997.

Webb, Terry. *Tree of Renewed Life: Spiritual Renewal of the Church Through the Twelve-Step Program*. New York: Crossroad, 1992.

Wilber, Ken. *Integral Spirituality: A Startling New Role for Religion in the Modern and Postmodern World*. Boston: Integral (imprint of Shambhala), 2007.

Study Guide

　이제는 이 책에서 눈을 떼고 당신 자신의 내면을 바라다보면서, 이 스터디 가이드를 통해 각 장마다 당신의 자기성찰을 더욱 깊게 하면 좋겠다. 이 스터디 가이드는 "열두 단계"의 각각의 에너지를 받아들이는 데 도움을 줄 것이다. 그리고 당신 자신보다 더욱 큰 어떤 힘과 사랑에 당신 자신을 내어맡기는 데도 도움을 줄 것이다. 이것은 당신이 혼자서나 아니면 다른 몇 사람과 물 밑에서 숨을 쉬어야 할 때 유용한 자료가 될 것이다. 물 밑에서 숨 쉬는 데는 성령의 인도하심에 당신 자신을 열어놓는 것이 가장 중요한 일이라는 점을 기억하시라.

1장

힘없음

1. "성공을 제대로 못하고 실패한 이들이 간혹 깨달음과 자비로 뚫고 나가는 경우가 있다"(p. 27). 당신이 실패와 고통을 느꼈을 때를 생각해보라. 그 경험이 당신을 어떻게 변화시켰는가?

2. "우리가 마땅히 떠나보내야 할 것은 오만한 에고인데, 오직 자신의 힘없음(powerlessness)으로만 그 일을 제대로 할 수 있다"(p. 29). 당신의 삶의 어떤 부분에서 당신이 통제할 필요가 있는가?

3. "누구도 자기라고 생각하는 자기를 버리거나 죽이려 하지 않는다"(p. 31). 당신은 어떠한가? 당신 자신의 이미지를 버리거나 죽이는 것에 대해 생각해보라.

4. "세상에서 에고가 무엇보다도 싫어하는 것이 변화다"(p. 31). 당신에게 변화를 어렵게 만드는 것은 무엇인가?

2장

간절한 바람

1. "사람의 머리, 가슴, 몸을 열고 습관적 방어기제와 잘못된 행복 프로그램...을 제거하는 일은 생명을 담보로 할 만큼 위험한 대수술이다"(p. 35). 당신이 새로운 존재방식을 시작하는 데 가장 강하게 저항하는 것은 당신 삶의 어느 부분인가?

2. "머리 공간을 열기 위해서 우리는 몇 가지 묵상과 명상을 수련할 필요가 있다"(p. 37). 당신은 어떻게 "보다 높은 힘"의 현존 안에서 고요하게 그냥 존재하기 시작할 수 있는가?

3. "당신 가슴이 한 번이라도 가슴다운 가슴이 되고자 한다면, 남을 위한 가슴이 되고자 한다면, 깨어져야 한다고, 그것도 공개적으로 깨어져야 한다고 나는 생각한다"(p. 40). 당신의 가슴이 깨어졌던 때를 이야기해보라. 그 경험이 어떻게 당신을 더욱 큰 자비로 이끌었는가?

4. "그리스도인들 가운데 많은 사람이 머리나 가슴보다 몸(body)을 더 크게 억압하고 부정하면서 살고 있지 않는가?"(p. 41). 당신이 마지막으로 다른 사람을 감싸 안았거나, 다른 사람이 당신을 감싸 안았던 적이 언제였는가? 무슨 이유로 더 이상 그러지 않는가?

3장

달콤한 굴복

1. "굴복은 항상 내가 죽는 것처럼 느껴지지만, 해방으로 가려면 반드시 거쳐야 하는 길목이다"(p. 46). 당신의 인생에서 어떤 종류의 죽음이 당신에게 해방을 가져다줄 것으로 생각하는가?

2. "종교가 그토록... 고리타분한 이유는... '우리의 삶을 하느님의 돌보심에 넘겨드리는 구체적 결단'을 할 기회가 별로 없기 때문이다"(p. 49). 당신은 당신의 인생을 하느님의 돌보심에 넘겨드린 경험이 있는가? 어떤 변화가 생겼는가?

3. "진심으로 남을 섬기는 사랑도 있지만, 영웅적 행동으로 자신의 도덕적 우월감을 충족시키면서 세상의 이목을 끌고 칭송을 얻고자 하는 사랑도 있다"(p. 51). 당신이 다른 사람들과 맺은 관계를 통해서, 사랑의 이런 두 가지 방식의 사례를 이야기해보라.

4. "우리가 아무 값없이 용납되었음을 철저하게 용납한다면, 그렇다면 우리는 참으로 달콤한 굴복(sweet surrender)의 은총을 입은 것이다! 그렇지 않고서는 은총이 전혀 은총이 아니다" (pp. 57-58). 당신은 무조건적인 사랑을 어떻게 알게 되었는가?

4장

좋은 등불

1. "모든 영적 깨어남의 중심에 있는 정직한 '그림자와의 복싱' (shadow boxing)을 시작하는 것이다"(p. 60). 당신이 정녕코 외면하고 싶은 것은 당신의 어떤 부분인가?

2. "우리의 목표는 모든 죄를 완벽하게 피하는 것이 아니다. 그건 불가능이다. 하지만 **죄와 더불어 싸우는 것**과 그 과정에서 얻는 지혜는 우리의 목표이다"(p. 61). 당신이 죄와 싸워 이 진실을 직면했던 때를 이야기해보라. 무슨 일이 벌어졌는가?

3. "일단 눈이 밝아지면 게임은 끝난 것이다. 악이란 선하고 필요하고 도움 되는 무엇으로 저를 위장할 때에 비로소 성공할 수 있는 것이기 때문이다"(p. 65). 당신이 더 이상 부정하지 않고, 그 상황이나 관계가 악하며, 불필요하거나 해로운 것임을 인정하게 된 때를 생각해보라. 무슨 일이 벌어졌는가?

4. "하느님은 우리 죄를 이용하여 우리를 온전하게 만드신다! 우리가 저지른 허물과 잘못을 통하여 병든 무의식에서 건강한 의식으로, 잠든 상태에서 깨어난 상태와 양심으로, 우리를 데려가신다"(p. 66). 당신이 완전히 실패했음을 받아들였던 때를 생각해보라. 그 경험이 어떻게 당신을 변화시켰는가?

5장
자백하기와 용서받기

1. "당신은 당신이 인정하지 않는 것을 치료할 수 없다"(p. 69). 당신의 실패 가운데 가장 인정하기 어려운 것은 무엇인가?

2. "피차 '자기 잘못을 사실 그대로' 솔직히 '인정할 때' 우리는 양쪽 모두를 풍요롭게 하고 때로는 삶을 영원히 바꿔놓기도 하는 사람다운 '만남'을 경험한다"(p. 70). 당신이 솔직히 인정함으로써 당신 자신과 다른 사람들을 자유롭게 해줄 수 있는 것은 무엇인가?

3. "이것이 우리가 서로 사랑할 수 없고 사랑하려 하지도 않고 또한 사랑할 엄두도 내지 못하는 바로 그 자리에서, 그럼에도 불구하고 우리를 사랑하심으로써 우리 모두를 '은총의 경륜'으로 대하시는 하느님의 방법이다"(p. 72). 당신이 사랑을 받을 자격이 전혀 없음에도 불구하고 누군가 당신을 사랑했던 경험을 이야기해보라.

4. "용서는 우리의 과거가 달랐기를, 또는 좀 더 나았기를 바라는 우리 마음을 비우는 것이다"(p. 80). 당신에게 상처를 주는 기억들을 계속 후벼 파는 일을 당신은 어떻게 멈추기 시작할 수 있는가?

6장

닭과 달걀, 누가 먼저인가?

1. "우리가 먼저 자신의 많은 저항, 변명, 방해를 알아차리기 위해 노력해야 한다. 그러나 하느님만이 그것들을 '치워버릴' 수 있음을 알아야 한다"(p. 82). 당신이 변명과 저항을 내려놓고 하느님께서 주장하시도록 했던 때가 언제였는가?

2. "그 길에서 벗어나 은총이 제대로 실현되어 우리를 해방하게 하려면 많은 노력을 기울여야 한다"(p. 82). 당신이 하느님의 길에 방해가 되었던 적은 언제인가?

3. "자기 자신한테 '성품의 결함들'이 있음을 스스로 알고 인정해야 한다면서, 동시에 한 발 뒤로 물러나 '하느님이 당신 일을 하실 수 있도록 우리가 완전히 준비를 갖추기까지' 아무 일도 하지 말아야 한다"(p. 84). 당신 편에서 아무런 노력도 하지 않았는데 하느님은 어떻게 당신을 일정부분 고쳐주셨는가?

4. "우리는 굴복하면서 동시에 책임져야 한다"(p. 87). 이 말은 당신이 파트너와 춤을 출 때, 어떻게 달리 표현될 수 있는가? 이처럼 파트너와 춤을 추는 것은 중독에서 회복되는 것과 어떤 의미로 연결되는가?

7장
우리가 왜 구해야 하는가?

1. "우리는 하느님이 달라지기를 구하는 게 아니라 우리가 달라지기를 구하는 것이다"(p. 90). 당신의 삶 속에서 당신의 기도는 어떻게 달라졌는가?

2. "기도는 생각과 느낌의 교환보다 큰 결과를 이루어내는 협동작업(synergy)이다"(p. 91). 기도와 은총은 어떻게 연결되는가? 당신은 은총을 어떻게 설명할 것인가?

3. "예수는 우리에게 철저하게 남에 의존하여 빌어먹고 살아가는 걸인이 되라고 말씀하신다. 실제로 우리 모두 정직하게 말해서 영적으로 누군가의 도움 없이는 한 시도 살 수 없는 걸인들이다"(p. 92). 철저하게 남에 의존해야 한다는 것이 당신에게는 무엇을 뜻하는가?

4. "삶의 하루하루 구석구석이 아무 값도 없이 당신에게 주어진 옹근 선물이다"(p. 96). 모든 것을 선물로 보고 또한 당신의 삶을 감사하기 위해서는 당신이 무엇을 해야 하는가?

8장

빚 갚기

1. "'놀라운 은총'(amazing grace)은 정직한 인간관계를 회피하는 수단이 아니다. 양쪽 모두의 해방을 위하여 인간관계를, 하지만 이번에는 은혜롭게, 다시 맺는 것이다"(pp. 100-101). 당신은 누구와의 관계를 다시 맺고 싶어 하는가?

2. "너 자신의 죄의식을 덜고자 하는 것은 자기중심적인 관심사인 반면에, '어떻게 다른 사람을 그들의 죄의식에서 자유케 할 것인가?'라고 묻는 것은 사랑하는 이의 관심사다"(p. 104). 누군가 자신의 죄의식을 덜기 위해 당신에게 용서를 구했던 때를 기억해보라. 당신의 느낌이 어땠는가?

3. "성육신이 그리스도교를... 단지 우리들 자신만이 아니라 다른 이들도 구원하는 데 초점을 맞춘 종교가 되게 한다"(p. 104). 당신이 남에 대한 진정한 관심과 사랑에서 사과를 했던 때를 기억해보라. 당신의 느낌이 어땠는가?

4. "이런 목록을 만들어 실천하다보면 당신의 의식이 변하여 무엇을 누구한테 앙갚음하려던 사람이 언제 어디서나 감사하고 겸손한 사람으로 바뀔 것이다"(p. 107). 당신이 용서하기 힘든 사람은 누구인가? 용서를 구하기 위해 할 수 있는 일은?

9장
세련된 방식의 보상

1. "나는 상식적인 지혜 또는 세련된 방식들이 더 이상 상식으로 통하지 않는 인간 사회가 두렵다. 오늘 우리는 노인들의 수가 늘어나는 고령화시대에 살고 있지만, 지혜를 전해주는 노인들은 그리 많지 않은 게 현실이다"(p. 110). 당신의 인생에서 지혜를 가르쳐준 이는 누구였는가?

2. "예수는 산상수훈에서 그리고 많은 비유들에서 세련된 방식을 가르치는 탁월한 스승의 모습을 보여주고 있다"(p. 110). 예수의 말씀 가운데 당신에게 가장 중요한 말씀은 무엇인가?

3. "사람이 언제 어떻게 어디서 누구에게 무엇을 사과하거나 보상할 것인지를 알려면, 상당한 세월과 선배들의 조언이 필요하다"(p. 112). 당신이 사과를 하려고 기다렸던 시간을 끝냈던 때의 경험을 말해보라.

4. "세련된 보상이란 그냥 보상하는 것이 아니라 '다른 사람들을 해치지 않는 선에서' 보상하는 것이다"(p. 114). 당신이 저지른 실수를 바로잡기 위해 너무 서둘렀던 때는 언제인가? 그래서 무슨 일이 벌어졌는가?

10장

이것은 과잉 아닌가?

1. "당신이 참으로 깨어나기 위해서는 당신 자신에 대한 집착과 강박에서 물러나야 한다"(p. 119). 당신 자신에 대해 깨어 있기 위해 당신이 시작할 수 있는 방법들은 무엇인가?

2. "대부분 사람들이 그것을 알지 못한다. 자기 생각, 느낌, 인식을 자기와 동일시하기 때문이다"(p. 120). 초연함은 당신의 느낌, 생각, 강박적인 인식 패턴으로부터 당신 자신을 분리하는 데 어떻게 도와주는가?

3. "대부분 교회들이… 본인의 선행에 대한 보상으로 성령을 받게 된다고 암암리에 가르치고 있다"(p. 123). 성령은 당신의 삶에서 어떻게 신적인 안내자와 가르치는 분으로 활동하시는가?

4. "일단 우리 자신의 타고난 존엄성을 분명하게 깨달으면, 악과 중독의 게임이 무너지기 시작한다"(p. 126). 당신의 인생에서 악이 승리한 때가 언제였는가? 무엇이 당신으로 하여금 선으로 나아가도록 이끌었는가?

11장

새 마음, 새 사람

1. "대부분 사람이 사물을 있는 그대로 보지 않고 자기가 보고 싶은 대로 본다"(p. 131). 당신으로 하여금 사물을 진실이라는 렌즈를 통해서 보지 못하도록 가로막는 것은 무엇인가?

2. "하느님은 그런 기도를 곧장 들어주시지 않는다. 왜냐하면 우리는 미처 모르지만, 그것들이 대개는 잘못된 자아에서 나오는 잘못된 요청이기 때문이다"(p. 132). 하느님께서 당신의 기도에 응답하지 않으셨던 때는 언제였는가? 그래서 무슨 일이 일어났는가?

3. "참 기도는 '신성한 참여'(divine participation) 안에서, 언제나 거기 계시는 하느님의 일에 당신이 동참하면서, 이루어지는 무엇이다"(p. 133). 당신이 기도를 드리면서 하나님의 현존을 체험했던 때가 언제였는가?

4. "자신의 힘든 삶 속에서 하느님을 발견하고, 그 하느님이 자기 인생을 바꾸시도록 모든 것을 기꺼이 내어드리는 여기에 하느님의 영원한 뜻을 참으로 따르는 길이 있다"(p. 140). 사람들이 "그것은 하나님의 뜻이다"라고 말하는 소리를 들을 때, 그것이 당신에게는 무엇을 뜻하는가?

12장
돌아온 것은 마땅히 돌려보내고

1. "[예수]는 우리가 받은 메시지를 제대로 이해하거나 자신한테 적용시킬 수 있으려면 먼저 그것을 남들에게 전해야 한다는 사실을 아셨다"(p. 146). 당신이 남에게 무엇을 가르침으로써 당신이 더 많은 것을 배우게 된 때는 언제였는가?

2. "우리가... 옹근 전체이신 그분(the Whole)에 결속되기 전까지는, 자리를 찾지 못하고 계속 불평하며 헤매게 마련이다"(p. 153). 당신이 "자리를 찾지 못하고 계속 불평"했던 때는 언제였는가? 이런 느낌을 갖게 만든 것이 무엇이었는가? "옹근 전체이신 그분"에 결속되는 것은 어떤 변화를 가져오는가?

3. "무엇을 간절히 바라는데 그대로 이루어지지 않는 욕망과 그로 인한 깊은 좌절감에서 오는 영적 질병이 중독이다. 그런데 그것이, 역설적이게도, 모든 영적 도정(道程)의 출발점인 것이다"(p. 155). 중독이 어떻게 "행복한 결함"인가?

4. "히브리 성서가 말하는 인간의 유일한 죄는 '우상숭배'다. 신 아닌 것을 신으로 만들어 섬기는 것이 인간의 유일한 죄라는 얘기다"(p. 157). 당신이 가장 많이 생각하는 것은 무엇인가? 그것이 '신'이 될 수 있는가?